W0283711

Band 99

OutdoorHandbuch

Claudia Erben

Kochen 2
für Camper

BASISWISSEN FÜR DRAUSSEN

Updates Verlagsprogramm Schnäppchen
www.conrad-stein-verlag.de

© Copyright Conrad Stein Verlag GmbH.
Alle Rechte vorbehalten.

Der Nachdruck, die Übersetzung, die Entnahme von Abbildungen, Karten, Symbolen, die Wiedergabe auf fotomechanischem Wege (z.B. Fotokopie) sowie die Verwertung auf elektronischen Datenträgern, die Einspeicherung in Medien wie Internet (auch auszugsweise) sind ohne vorherige schriftliche Genehmigung des Verlages unzulässig und strafbar.

Alle Informationen, schriftlich und zeichnerisch, wurden nach bestem Wissen zusammengestellt und überprüft. Sie waren korrekt zum Zeitpunkt der Recherche. Eine Garantie für den Inhalt, z.B. die immerwährende Richtigkeit von Preisen, Adressen, Telefon- und Faxnummern sowie Internet-Adressen, Zeit- und sonstigen Angaben, kann naturgemäß von Verlag und Autorin - auch im Sinne der Produkthaftung - nicht übernommen werden.

Die Autorin und der Verlag sind für Lesertipps und Verbesserungen (besonders als E-Mail) unter Angabe der Auflagen- und Seitennummer dankbar.

Dieses OutdoorHandbuch hat 120 Seiten mit 31 farbigen Abbildungen. Es wurde auf chlorfrei gebleichtem Papier gedruckt, in Deutschland klimaneutral hergestellt und transportiert (die Zertifikatnummer finden Sie auf unserer Internetseite) und wegen der größeren Strapazierfähigkeit mit PUR-Kleber gebunden.

Mozzarella-Tomaten (md)

OutdoorHandbuch aus der Reihe "Basiswissen für draußen", Band 99

ISBN 978-3-86686-322-4 3. überarbeitete Auflage

© Basiswissen für draussen, Der Weg ist das Ziel und FernwehSchmöker sind urheberrechtlich geschützte Reihennamen für Bücher des Conrad Stein Verlags

Dieses OutdoorHandbuch wurde konzipiert und redaktionell erstellt vom Conrad Stein Verlag GmbH, Postfach 1233, 59512 Welver, Kiefernstraße 6, 59514 Welver, ☏ 0 23 84/96 39 12, FAX 0 23 84/96 39 13, info@conrad-stein-verlag.de, www.conrad-stein-verlag.de.

Unsere Bücher sind überall im wohl sortierten Buchhandel und in cleveren Outdoorshops in Deutschland, Österreich und der Schweiz erhältlich.
Auslieferung für den Buchhandel:

D	Prolit, Fernwald und alle Barsortimente
A	freytag & berndt, Wien
CH	AVA-buch 2000, Affoltern und Schweizer Buchzentrum
I	Leimgruber A & Co. OHG/snc, Kaltern
BENELUX	Willems Adventure, LT Maasdijk
E	mapiberia f&b, Ávila

Text: Claudia Erben
Fotos: Claudia Erben & Manuela Dastig (md)
Layout: Manuela Dastig & Luisa Großelohmann
Gesamtherstellung: AZ Druck und Datentechnik GmbH, Kempten

Inhalt

Symbole

Achtung!
Buchtipp
Tipp
Verweis

Über die Autorin

Claudia Erben unternimmt seit über 20 Jahren ausgedehnte Campingreisen mit ihrer inzwischen sechsköpfigen Familie. Sie plant Ausrüstung und Vorratshaltung für vielwöchige Rundreisen in Nord- und Südeuropa und verpflegt die Familie hierbei vorwiegend aus der eigenen Küche.

Vorwort

Endlich Urlaub! Die kostbarsten Wochen des Jahres sehnen wir lange herbei. Wir erhoffen uns eine erholsame und vergnügliche Zeit im Urlaubsparadies unserer Träume. Vor Ort holt uns dann die Realität mit manch störenden und gar nicht paradiesischen Details ein:

Die Restaurants sind schlecht und überfüllt oder teuer. Wir vertragen das ungewohnte Essen nicht. Der Nachwuchs hat, an prompte Bedienung zu Hause gewöhnt, nicht die Geduld, stundenlang aufs Essen zu warten. Die beste Lösung wäre, selbst zu kochen. Doch der Familienkoch, meist Mutter, streikt und besteht auf dem Recht auf Urlaub.

Dieses Buch soll Ihnen einen Kompromiss anbieten: Einfach und schnell zuzubereitende Gerichte, die man (nicht nur frau) in der Ferienwohnung, beim Camping, sogar beim Trekking mit einer minimalen Küchenausrüstung nachkochen kann. Für einen gelungenen und preiswerten Urlaub, in dem sich jeder Mitreisende mal als Küchenchef betätigt, habe ich Ihnen Tipps für Vorräte und Kochausrüstung sowie die Lieblings-Reiserezepte meiner Familie zusammengestellt.

Ausrüstung

Gedeckter Tisch

Ferienwohnung

Sie reisen mit dem Pkw an, haben also nicht allzu viel Stauraum. Außerdem verfügt Ihre Ferienwohnung über eine voll ausgestattete Küche.

Der Erfahrung nach fehlen jedoch häufig:

▷ Thermoskanne und großer Kaffeefilter nebst Filterpapier
▷ guter Korkenzieher, Dosen- und Flaschenöffner
▷ große hochbordige Bratpfanne mit Deckel
▷ wirklich scharfe Messer
▷ kleiner Holzkohlegrill (Kohle gibt's am Urlaubsort)
▷ Topflappen, Geschirrhandtücher, Spülschwamm o.Ä.
▷ Streichhölzer

☺ Sollten Sie zum Urlaubsort fliegen, ist ein gutes Kombi-Taschenmesser wohl das einzige, das sich mitzunehmen lohnt.

Wohnwagen / Wohnmobil

Sie haben relativ viel Platz, müssen aber darauf achten, dass Sie den Wagen nicht überladen. Deshalb ist ein mit Melaminharz beschichtetes Camping-Service besser als Ihre Sammlung alter Teller. Wenn sich dann bei einem abrupten Bremsmanöver eine Schranktür öffnet, ist sowohl der Schaden als auch das Risiko spitzer umher fliegender Scherben geringer.

Bei einer ersten Reise kann man Töpfe und Pfannen von zu Hause mitnehmen. Auf Dauer ist es sicherlich besser, ein Campingtopf-Set anzuschaffen, bei dem alle Töpfe ineinander passen. Die Töpfe sind leichter und benötigen weniger Stauraum. Der Deckel der größten Topfes kann zugleich als Pfanne dienen. Ein Wasserkessel ist ebenfalls dabei. Letzterer ist zwar nicht unbedingt notwendig, spart jedoch viel Heizenergie.

Bei Neuanschaffung können Sie sich zunächst auf Folgendes beschränken (für 4 Personen):

- ▷ 4 tiefe Teller
- ▷ 4 Tassen
- ▷ 4 Trinkbecher
- ▷ 4 kleine Teller
- ▷ 4 Bestecke (Löffel, Messer, Gabel, Kaffeelöffel)
- ▷ Rührlöffel

- ▷ Pfannenwender
- ▷ Schöpflöffel
- ▷ Dosenöffner
- ▷ Flaschenöffner
- ▷ Korkenzieher
- ▷ scharfes Messer (oder entsprechendes Taschenmesser),
- ▷ 1 Schneidebrett
- ▷ eine kleine Reibe
- ▷ 1 großer und ein kleiner Kochtopf
- ▷ 1 hochbordige Pfanne mit Deckel

- ▷ Sieb (für Nudeln und Salat geeignet)
- ▷ Thermoskanne (mit Filter und Papier wenn Sie keinen Instant-Kaffee mögen)
- ▷ 1-2 dicht verschließbare Kunststoffdosen oder Weithalsflaschen
- ▷ 1-2 unzerbrechliche Getränkeflaschen (für kalten Tee)
- ▷ kleiner Holzkohlengrill
- ▷ Topflappen, Spülschüssel, Spülmittel, Bürste, Lappen, Spülschwamm, Streichhölzer
- ▷ Alufolie, Frischhaltefolie
- ▷ Einkaufstasche

Wenn Sie noch Platz übrig haben, können Sie, für mehr Bequemlichkeit beim Kochen, noch folgende Dinge mitnehmen. Sie können aber auch Platz und Gewicht sparen und sich statt dessen behelfen, z.B. mit einer Gabel statt des Schneebesens.

- ▷ Salatschüssel und Salatbesteck
- ▷ kleiner Messbecher
- ▷ kleiner Schüttelmixer
- ▷ Schneebesen
- ▷ Grillbesteck
- ▷ Wasserkessel
- ▷ Piezo-Anzünder für Gas

Beim Zelten

Die Bedürfnisse und Ansprüche reichen hier vom sportlichen Trekking mit minimalster Ausrüstung bis zum komfortablen Familienzelt mit voll ausgestatteter Küche im Vorzelt.

Für die Familie, die ihr Zelt vorwiegend an einem Urlaubsort aufstellt, gilt dieselbe Liste wie für den Urlauber mit Campingfahrzeug. Zusätzlich braucht der Zelter noch einen Gas- oder Benzinkocher und eine Möglichkeit, Lebensmittel zu kühlen. Auf vielen Campingplätzen gibt es Gefriertruhen, in denen man kleine mit Kühlflüssigkeit gefüllte Akkus einfrieren kann. Hat man dann noch eine gut isolierte Kühltasche dabei, so kann man die Akkus ständig auswechseln und wärmeempfindliche Lebensmittel wie Butter, Wurst und Käse kühlen.

Eine andere Möglichkeit sind die tragbaren Kühltruhen, die eine Kühlaggregat im Deckel oder in der Rückwand haben. Für diese braucht man jedoch zumindest ab und zu einen Stromanschluss oder eine extra Gasflasche.

Für einen Zelter, der zwar ein geräumiges Zelt hat, aber eine Rundreise machen will, empfiehlt es sich, die Ausrüstung möglichst knapp zu halten, wenn Auf- und Abbau nicht unnötig viel Zeit kosten soll.

Was man alles braucht oder nicht braucht, wenn man nur mit Rucksack und Zelt unterwegs ist und trotzdem selbst kochen will oder (bei einer Wildnistour) muss, steht in

- Kochen 1 aus Rucksack und Packtasche, von Nicola Boll, OutdoorHandbuch (Band 8) Basiswissen für draußen, Conrad Stein Verlag, ISBN 978-3-86686-008-7, € 8,90

Und wenn die Rucksackvorräte zur Neige gehen oder das Abendessen aufgepeppt werden soll, bieten sich folgende OutdoorHandbücher an.

- **Angeln** von Harald Barth & Ronald Metzger, OutdoorHandbuch (Band 21) Basiswissen für draußen, Conrad Stein Verlag, ISBN 978-3-86686-021-6, € 9,90
- **Essbare Wildpflanzen** von Hartmut Engel & Iris Kürschner. OutdoorHandbuch (Band 5) Basiswissen für draußen, Conrad Stein Verlag, ISBN 978-3-86686-005-6, € 8,90

Die Kochkiste

Wenn Sie weniger Herdplatz haben, als Sie benötigen, hat sich folgende Verfahrensweise bewährt: Nudeln oder Reis zum Beispiel werden zum Kochen gebracht, dann von der Kochstelle genommen und in ein Badetuch oder eine Wolldecke warm eingepackt. Sie haben dann den Herdplatz wieder frei und die Nudeln oder der Reis werden trotzdem gar.

- **Kochen 4 Kulinarisches aus der Kochkiste** von Joey Menzel, OutdoorHandbuch (Band 214) Basiswissen für draußen, Conrad Stein Verlag, ISBN 978-3-86686-214-2, € 8,90

Vorräte und Packlisten

Ferienwohnung

Um den Pkw nicht zu überladen, sollten Sie auf die Mitnahme von Lebensmitteln zum größten Teil verzichten und lieber zu Anfang einen nahe gelegenen Supermarkt im Urlaubsort aufsuchen.

Ausnahme: Die Zutaten für eine kleine Mahlzeit nach der Ankunft oder ein erstes Frühstück. Des Weiteren gibt es einige Dinge, die am Urlaubsort viel leicht gar nicht, teurer oder in schlechterer Qualität zu erhalten sind.

Sonderfall: Ferienhäuser in Skandinavien. Hier sollten Sie versuchen, möglichst viel für den täglichen Bedarf mitzunehmen (ohne den Pkw zu überladen!), denn in Skandinavien sind die meisten Lebensmittel teurer.

Außerdem liegen dort die Supermärkte nicht so dicht an dicht wie in Frankreich oder Italien. Skandinavien ist viel dünner besiedelt und die Ferienhütte am einsamen See ist idyllisch. Für genügend Proviant sollten Sie jedoch Vorsorge treffen.

Jetzt empfiehlt es sich überlegt vorzugehen und Gewicht zu sparen. Statt Getränkedosen oder Tetrapaks nehmen Sie lieber Teebeutel mit oder ein Getränkepulver. Statt Milch und Eiern kann man zur Sicherheit Vollmilchpulver und Eipulver mitnehmen. Auch Reis, Nudeln und Mehl wiegen nicht viel.

Für das Frühstück kann man auf leckere Müslimischungen (oder Selbstgemischtes) zurückgreifen. Zum Würzen nimmt man Brühwürfel und Tomatenmark mit. Hartwurst ist leichter als Wurst in Dosen usw.

Ihnen fallen bestimmt noch mehr Möglichkeiten ein, Gewicht zu sparen und trotzdem die für Ihre Lieblingsgerichte notwendigen Zutaten dabeizuhaben.

Teuere oder schlecht erhältliche Lebensmittel

in nördlichen Ländern	**in südlichen Ländern**
alkoholische Getränke	Vollkornbrot
frisches Obst und Gemüse	Knäckebrot
Wurstwaren wie Salami u.Ä.	milde Kaffeesorten
Obstsäfte	Kuchen und süßes Gebäck
Kuchen und süßes Gebäck	deutsches Bier

Camping mit Wohnmobil oder Wohnwagen

Meine Tipps:

- ▷ Je nach Reiseziel beachten Sie die Liste der teuren oder schlecht erhältlichen Lebensmittel.
- ▷ möglichst wenig Glas, besser sind Tetrapaks oder Dosen, noch besser Weithalsflaschen und Dosen mit Schraubverschluss aus Plastik.
- ▷ statt Gemüsedosen besser getrocknetes Gemüse mitnehmen (Trocknen s.u.).
- ▷ Gewürze in handlicher Menge und campingfreundlicher Verpackung sind zu Hause meist besser erhältlich.

Frühstück im Vorzelt

Für eine zweiwöchigen oder auch längeren Campingurlaub packe ich in der Regel (Ausnahme Skandinavien) folgende Grundausstattung an Lebensmitteln ein:

Grundnahrungsmittel

- ▷ 1 kg Mehl
- ▷ ca. 100 g Salz
- ▷ ca. 250 g Zucker
- ▷ 2 kg verschiedene Nudeln
- ▷ 500 g Reis
- ▷ ca. 500 g Haferflocken
- ▷ 500 g Trockenmüsli
- ▷ 2 Pakete Knäckebrot
- ▷ 2 Dosen Marmelade

Getränke

- ▷ 2-3 l H-Milch
- ▷ 500 g Kaffee (pro Woche)
- ▷ 250 g Kakao
- ▷ 1 Packung Schwarzer Tee
- ▷ 2 Packungen Pfefferminztee (geeignet auch als kaltes Getränk zum Mitnehmen auf Ausflüge)
- ▷ Kamillentee (für etwaige medizinische Zwecke)
- ▷ evtl. Getränkepulver

Gewürze

- ▷ Pfeffer
- ▷ Paprika
- ▷ Curry
- ▷ Muskat
- ▷ Dill
- ▷ Oregano
- ▷ Basilikum
- ▷ Petersilie (oder ersatzweise eine Kräutermischung wie Fine Herbes oder Herbes de Provence)
- ▷ Brühwürfel für Fleischbrühe und Gemüsebrühe
- ▷ Tomatenmark
- ▷ Senf

Fertiggerichte

- ▷ 1 Fertiggericht (für Notfälle) in Tütenform
- ▷ 1 Glas Gewürzgurken
- ▷ 1 Dose Würstchen

Sonstiges

- ▷ 250 g Butter
- ▷ 1 Salami
- ▷ 500 g Hartkäse am Stück
- ▷ 250 g geräucherter durchwachsener Speck
- ▷ einige Zwiebeln (oder besser noch im Backofen getrocknete Zwiebelringe)
- ▷ 1 kleine Flasche Öl
- ▷ 1 kleine Flasche Essig
- ▷ 1 Brot für den ersten Tag

Für unterwegs

- ▷ Eine Vesper / Snack (belegte Brötchen, Pizzataschen, Wurstsalat, ... (☞ Rezepte)
- ▷ etwas Obst
- ▷ 1-2 Packungen Kekse
- ▷ 1 Dose Cola (gegen Reisekrankheit)
- ▷ Getränke (Sprudel, kalter Tee oder Kaffee in der Thermoskanne je nach Reiseziel und Jahreszeit)
- ▷ 1 Tafel Schokolade
- ▷ Bonbons

Für den Ankunftsabend

Wenn ich nicht sicher bin, dass ich am ersten Abend essen gehen will oder kann, nehme ich für ein Essen die Zutaten mit (☞ Rezepte).

Will man sich vollständiger verproviantieren, so nimmt man größere Mengen der Grundnahrungsmittel mit. Außerdem sind noch folgende Lebensmittel als Vorräte geeignet:

- ▷ Kartoffelbrei (als Fertigprodukt)
- ▷ getrocknete Hülsenfrüchte (Linsen, Bohnen, Erbsen, auch Erbswürste)
- ▷ Grieß (auch Maisgrieß für Polenta)
- ▷ Trockenobst
- ▷ getrocknetes und gedörrtes Gemüse
- ▷ Gemüsedosen (Gewicht!)
- ▷ Sauerkonserven (schwer und in zerbrechlichen Gläsern)

Alles weitere wird vor Ort gekauft.

Auf dem Markt für Nachschub an Lebensmittel sorgen

Zelter werden Lebensmittel am besten in dicht schließenden Kisten (mit Deckel) aufbewahren, um sie vor Ameisen zu schützen. Hat man keine Kühlmöglichkeit, muss man natürlich weniger von den Lebensmitteln mitnehmen, die leicht verderben oder schmelzen.

Verpackungen

Es empfiehlt sich, Lebensmittel wie Mehl, Zucker und Reis in unzerbrechlichen Kunststoffgefäßen mitzunehmen. Essig und Öl bewahrt man am besten in unzerbrechlichen Flaschen mit dicht schließendem Schraubverschluss auf. Dann kann bei der Fahrt nichts verschüttet werden oder auslaufen.

Gewürze gibt es im Campingfachgeschäft in Kombidosen, die gleich mehrere der üblichsten Gewürze enthalten.

Vorräte selbst herstellen

Es ist nicht unbedingt nötig, bei der Urlaubsreise nur von gekauften Vorräten zu leben. Einige können Sie selbst herstellen. Das ist besonders preiswert, wenn Sie im Sommer viel Gemüse und Obst aus dem eigenen Garten haben. Einfrieren eignet sich allerdings nicht zum Haltbarmachen, da Sie unterwegs keine ausreichende Kühlmöglichkeit haben. Besser ist schon Einkochen. Die schweren und vor allem zerbrechlichen Einmachgläser sind aber auch nur beschränkt zur Mitnahme geeignet. Am besten bewährt hat es sich, Gemüse und Obst zu trocknen oder zu dörren. Auch bei diesen Verfahren bleiben viele Vitamine erhalten. Das getrocknete Gemüse und Obst ist zudem leicht und hat gegenüber dem frischen auch an Volumen verloren. Die besten Erfahrungen habe ich mit Dörrobst für eigene Müslimischungen (getrocknete Apfelringe) und mit getrockneten Zwiebeln, Zucchini, Lauch, Karotten, Paprika, Pilzen und natürlich Kräutern gemacht.

Wenn man regelmäßig trocknet, empfiehlt sich eine elektrischer Dörrapparat. Aber auch im Umluftherd kann man bei ca. 50° gut trocknen. Klemmen Sie einen Topflappen in die Ofentür, damit diese 2-3 cm offen steht und die feuchte Luft abziehen kann. Das Dörrgut muss sauber und gut geputzt sein. Es muss locker liegen und ab und zu gewendet werden. Der Trockenvorgang ist beendet, wenn das Gemüse oder Obst "papier"-trocken ist und raschelt.

Fertiggerichte sowohl in Dosen als auch in Tüten haben durchaus ihren Platz in der Urlaubsküche. Wenn Sie nicht einkaufen gehen konnten (weil Sie im Urlaub die Ladenschlusszeiten völlig übersehen hatten), wenn es einmal sehr schnell gehen soll (weil Sie erschöpft und durchgefroren spät von der Wanderung kommen) ist es gut, wenn man auf einen entsprechenden Vorrat zurückgreifen kann.

In der Regel ist jedoch frisch gekochtes Essen gesünder und auch schmackhafter. Und in Skandinavien haben Sie sicherlich den einen oder anderen Fisch an der Angel.

Deshalb im Folgenden einige meiner besonders beliebten Ferienrezepte, jeweils für 4 Personen. Gute Reise und guten Appetit.

Packlisten

Ausrüstungsgegenstände	vorhanden	eingepackt
4 Suppenteller	☐	☐
4 Tassen	☐	☐
4 Trinkbecher	☐	☐
4 kleine Teller	☐	☐
4 Bestecke	☐	☐
Rührlöffel	☐	☐
Pfannenwender	☐	☐
Schöpflöffel	☐	☐
Dosenöffner	☐	☐
Flaschenöffner	☐	☐
Korkenzieher	☐	☐
scharfes Messer	☐	☐
Schneidebrett	☐	☐
kleine Reibe	☐	☐
großer Kochtopf mit Deckel	☐	☐
kleiner Kochtopf mit Deckel	☐	☐
hochbordige Pfanne mit Deckel	☐	☐
Sieb	☐	☐
Thermoskanne	☐	☐
Filter und Filterpapier	☐	☐
2-3 kleine Vorratsdosen	☐	☐
1-2 unzerbrechliche Getränkeflaschen	☐	☐

kleiner Holzkohlegrill	☐	☐
Topflappen	☐	☐
Spülschüssel	☐	☐
Spülmittel	☐	☐

Ausrüstungsgegenstände	**vorhanden**	**eingepackt**
Bürste	☐	☐
Spültuch	☐	☐
Pfannenreiniger (Scotch-Britt)	☐	☐
Streichhölzer	☐	☐
Piezo-Anzünder für Gas*	☐	☐
kleiner Messbecher*	☐	☐
Schüttelmixer*	☐	☐
Schneebesen*	☐	☐
Grillbesteck*	☐	☐
Alufolie, Frischhaltefolie	☐	☐
Einkaufstasche	☐	☐
tragbare Kühltasche*	☐	☐
Wasserkessel*	☐	☐

* praktisch aber nicht unbedingt notwendig

Lebensmittel	**eingekauft** (Menge)	**eingepackt**
Mehl	☐	☐
Salz	☐	☐
Zucker	☐	☐
2-3 kg verschiedene Nudeln	☐	☐
Reis	☐	☐
Haferflocken	☐	☐
Grieß	☐	☐
Trockenmüsli	☐	☐
Knäckebrot	☐	☐
Brot	☐	☐
Marmelade	☐	☐
H-Milch	☐	☐

Kaffee	☐	☐
Kakao	☐	☐
Tee	☐	☐

Lebensmittel	**eingekauft** (Menge)	**eingepackt**
Früchte- oder Kräutertee	☐	☐
Getränkepulver	☐	☐
Gewürze	☐	☐
getrocknete Kräuter	☐	☐
Instantbrühe	☐	☐
Tomatenmark	☐	☐
Senf	☐	☐
Fertiggerichte	☐	☐
Gewürzgurken u.a. Sauerkonserven	☐	☐
Würstchen in der Dose	☐	☐
Gemüsedosen	☐	☐
getrocknete Hülsenfrüchte	☐	☐
getrocknetes Gemüse	☐	☐
Pilze in Dosen oder getrocknet	☐	☐
Butter	☐	☐
Hartwurst und etwas Frischwurst	☐	☐
Hartkäse	☐	☐
geräucherter Speck	☐	☐
Zwiebel (am besten getrocknet)	☐	☐
Salatöl	☐	☐
Essig	☐	☐
Obst	☐	☐
Trockenobst	☐	☐
Kekse	☐	☐
Schokolade	☐	☐
Bonbons	☐	☐
Cola	☐	☐
Getränke (Mineralwasser u.Ä.)	☐	☐

Nudeln & Co

Trafilata
SCAVINO
Natura Amica
LA PASTA
Bartolini
TROFIE
Farfalle Fantasia
CASALE

Tortellini mit Sahnesoße

Zutaten

500 g getrocknete Tortellini
Salz fürs Kochwasser
1 Tasse flüssige Sahne
Salz
Muskat
Pfeffer
2 Teelöffel Instant-Gemüsebrühe

Zubereitung

▷ Tortellini in reichlich Salzwasser auf kleiner Flamme garen.

▷ Sahne vorsichtig erhitzen, mit Salz, Muskat, Pfeffer und Gemüsebrühe würzen und über die Tortellini geben.

☺ Angebratene Schinkenstreifen oder Speckwürfel unter die Tortellini mischen, dann wird's etwas herzhafter, oder auch geriebenen Parmesankäse darüber streuen.

Spaghetti mit Ratatouille und Würstchen

Zutaten

400 g Spaghetti
6-8 Würstchen
1 große Zwiebel
1 mittelgroße Zucchini
1 Paprika
2 Fleischtomaten oder 1 kleine Dose Schältomaten
1 Esslöffel Tomatenmark
Salz
Pfeffer
Kräuter (Oregano, Basilikum, Thymian, Petersilie, Schnittlauch ...) sowie vorhanden

Zubereitung

- ▷ Spaghetti in reichlich Salzwasser al dente (bissfest) kochen.
- ▷ Zwiebel glasig dünsten.
- ▷ Würstchen und Zucchini in Scheiben, Paprika in Streifen schneiden. Alles zusammen anbraten.
- ▷ Fleischtomaten kurz in das Spaghettiwasser tauchen, häuten, würfeln und hinzufügen.
- ▷ 2-3 Minuten garen, mit ¼ l Wasser ablöschen, mit Tomatenmark, Salz, Pfeffer und Kräutern abschmecken, über die Spaghetti geben und servieren.

Alle Arten von Würstchen sind geeignet, ebenso gewürfelter Fleischkäse oder Fleischwurst. Auch beim Gemüse können Sie nehmen, was der Markt bietet: Auberginen, Fenchel, Lauch, Karotten, usw. Nur Tomaten müssen sein.

Spaghetti mit Tomaten-Hackfleisch-Soße

Zutaten

400 g Spaghetti
500 g Hackfleisch gemischt
1 große Dose Schältomaten
2 große Zwiebeln
Salz
Pfeffer
Oregano
Basilikum
Öl zum Anbraten
geriebener Parmesankäse

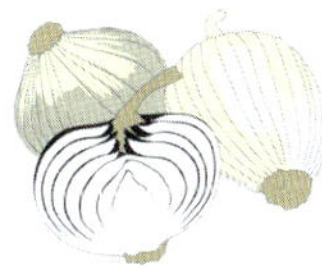

Zubereitung

▷ Spaghetti in reichlich Salzwasser bissfest kochen.

▷ Zwiebeln würfeln. Hackfleisch und Zwiebel in Öl anbraten, Schältomaten zerkleinern und mit Soße hinzufügen. Würzen und auf kleiner Flamme 15 Minuten köcheln lassen.

▷ Hackfleischsoße zu den Spaghetti servieren und Parmesankäse dazureichen.

Spaghetti mit Thunfisch

Zutaten

400 g Spaghetti
2 Dosen Thunfisch im eigenen Saft
1 große Zwiebel
1 kleine Dose Schältomaten
grüne Oliven aus dem Glas (entsteint und mit Paprikapaste gefüllt)
Salz, Pfeffer, Oregano
Olivenöl zum Anbraten
geriebener Parmesankäse

Zubereitung

- Spaghetti in reichlich Salzwasser bissfest kochen.
- Währenddessen Zwiebel in feine Ringe schneiden, im Olivenöl glasig dünsten.
- Oliven in feine Ringe schneiden und zusammen mit den Schältomaten (mit Soße) zu den Zwiebeln in die Pfanne geben, würzen und 5 Minuten köcheln lassen.
- Thunfisch abgießen und mit der Gabel etwas zerpflücken.
- Spaghetti abgießen, in einer großen Schüssel mit der Tomatensoße und dem Thunfisch vorsichtig mischen.
- Geriebenen Parmesankäse dazu reichen.

Spaghetti Carbonara

Zutaten

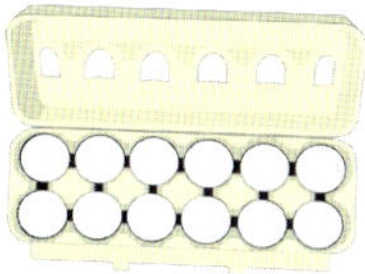

400 g Spaghetti
200 g Kochschinken
3 Esslöffel Butter
3 Esslöffel Mehl
½ l Milch
1 Teelöffel Instant-Gemüsebrühe
Pfeffer
Salz
Muskat
1-2 Eier
geriebener Parmesankäse

Zubereitung

- ▷ Die Soße nicht in einer Pfanne, sondern in einem kleinen Topf mit dickem Boden zubereiten. Dann brennt die Soße nicht so schnell an und Sie vermeiden Klumpen.
- ▷ Spaghetti in reichlich Salzwasser bissfest garen.
- ▷ Mit Butter und Mehl eine helle Mehlschwitze machen. Mit Milch ablöschen und kräftig mit dem Schneebesen schlagen, damit sich eine glatte Soße ergibt.
- ▷ Die helle Soße mit der Instant-Brühe, Pfeffer, Salz und Muskat würzen und langsam unter ständigem Rühren zum Kochen bringen.
- ▷ Sobald die Soße zu sieden beginnt von der Kochstelle nehmen und die Eier mit dem Schneebesen unterschlagen. Die Soße warm stellen.
- ▷ Den Schinken in Streifen schneiden und mit etwas Butter anrösten.
- ▷ Die Schinkenstreifen auf den Spaghetti anrichten, die Soße und geriebenen Parmesankäse dazu servieren.

Makkaroni mit verschiedenen Käsesorten

Zutaten

500 g Makkaroni
200 g verschieden Käsesorten
1 Ei (kann auch weggelassen werden, wenn man keines hat)
2 Esslöffel Butter
Salz

Zubereitung

▷ Makkaroni in reichlich Salzwasser al dente kochen.

▷ Hartkäse reiben, Brie und Blauschimmelkäse in kleine Würfel schneiden. Die Butter in Flöckchen zerteilen, mit dem Käse und dem Ei mischen.

▷ Kurz vor Ende der Garzeit der Nudeln 4-5 Esslöffeln Nudelwasser zu der Käse-Eiermischung geben und verrühren.

▷ Nudeln abgießen und Käsemischung darüber geben. Gut durchmischen.

Statt Makkaroni können Sie auch Spaghetti oder andere Nudelsorten nehmen.

Besonders geeignete Käsesorten: Mischung mit Greyerzer und einem Blauschimmelkäse.

Käsespätzle

Zutaten

500 g Spätzle
3 Zwiebeln
200 g geriebener Hartkäse
1 Esslöffel Butter

Zubereitung

▷ Spätzle in Salzwasser kernig gar kochen.
▷ Zwiebeln in Ringe schneiden, mit der Butter in der Pfanne rösten bis sie leicht gebräunt sind.
▷ Die fertigen Spätzle hinzufügen, anbraten lassen, den geriebenen Käse unterheben, die Pfanne mit dem Deckel verschließen und auf kleiner Flamme noch 2-3 Minuten durchziehen lassen.

Sie können aus 350 g Mehl (auch Vollkornmehl), 4 Eiern, Salz und Wasser selbst einen Spätzleteig bereiten. Er soll glatt und zähflüssig sein. Dann geben Sie den Teig esslöffelweise auf ein Schneidebrett und schaben ihn mit einem breiten Messer oder dem Pfannenwender in das kochende Salzwasser.

Vorsicht: Kocht leicht über!

Nach jeweils 4-5 Esslöffeln werden die Spätzle aus dem Wasser gefischt und in die Pfanne gegeben.

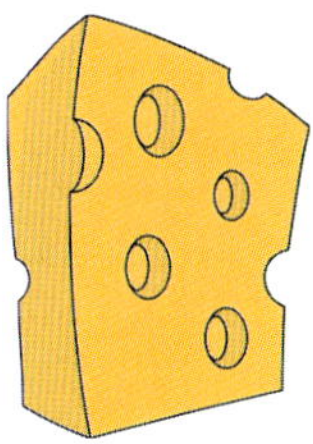

Breite Nudeln mit Kräuter-Pilz-Soße

Zutaten

400 g breite Nudeln
Salz fürs Kochwasser
400 g frische oder 1 Hand voll getrocknete Pilze oder eine Dose Pilze
100 g gewürfelter durchwachsener Speck
1 Esslöffel getrocknete Kräuter
1 Tasse Milch oder Sahne
1 Esslöffel Mehl
Salz
Pfeffer
Muskat
2 Teelöffel Instant-Gemüsebrühe

Zubereitung

▷ Breite Nudeln in reichlich Salzwasser garen.
▷ Pilze blättrig schneiden, mit dem gewürfelten Speck anbraten, bis die Pilze zusammengefallen sind.
▷ Mehl hinzufügen, anschwitzen lassen, mit Sahne, Kräutern und Gewürzen zu einer Soße einkochen lassen.
▷ Über die Nudeln geben.

☺ Mit grünen Nudeln besonders lecker.

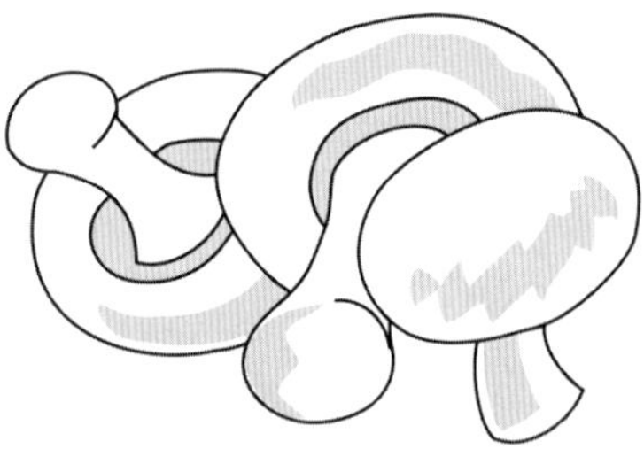

Schinkennudeln mit Ei

Zutaten

500 g Hörnchen-Nudeln
Salz fürs Kochwasser
200 g Kochschinken
1 Esslöffel Butter
2 Eier

Zubereitung

- ▷ Hörnchen-Nudeln im Salzwasser garen.
- ▷ Kochschinken in Streifen schneiden, in der Butter leicht anbraten.
- ▷ Gegarte Nudeln hinzufügen und ebenfalls leicht anbraten, Eier darüber schlagen und stocken lassen.

☺ Statt Kochschinken kann man auch Speck oder Hartwurstwürfel nehmen.

Zucchini-Mozzarella-Vollkornnudeln

Zutaten

400 g Vollkornnudeln
150 g Mozzarella
2 mittelgroße Zucchini
1 Fleischtomate
100 g süße Sahne
Pfeffer
Salz
Basilikum
etwas Olivenöl

Zubereitung

- ▷ Vollkornnudeln in reichlich Salzwasser bissfest garen.
- ▷ Zucchini in Scheiben schneiden und in Olivenöl anbraten.
- ▷ Fleischtomate häuten und in Würfel schneiden, zu den Zucchini in die Pfanne geben, 5 Minuten auf kleiner Flamme garen lassen.
- ▷ Sahne hinzufügen, würzen, nicht mehr kochen.
- ▷ Die Zucchini-Sahnesoße mit dem gewürfelten Mozzarella über die Nudeln geben und gut aber vorsichtig mischen.

☺ Um die Fleischtomate zu häuten, schneiden Sie den Stiel heraus, schlitzen oben ein Kreuz in die Haut und tunken sie aufgespießt auf einer Gabel in das kochende Nudelwasser, bis die Haut an den Schlitzen anfängt, sich zu lösen.

Grüne Nudeln mit Lachs

Zutaten

400 g grüne, breite Nudeln
400-500 g Lachsfilet, frisch oder gefroren
100 g süße Sahne
1 Teelöffel grüner Pfeffer
Salz
Dill
Zitronensaft

Zubereitung

▷ Nudeln in reichlich Salzwasser garen.

▷ ½ l Wasser mit Salz, einigen Spritzern Zitronensaft und Dill würzen und das Lachsfilet darin 10 Minuten auf kleiner Hitze gar dämpfen.

▷ Sahne erhitzen (nicht kochen), mit Dill und ganzen grünen Pfefferkörnern würzen.

▷ In einer großen Schüssel die Nudeln mit dem Lachs und der Würzsahne vorsichtig mischen.

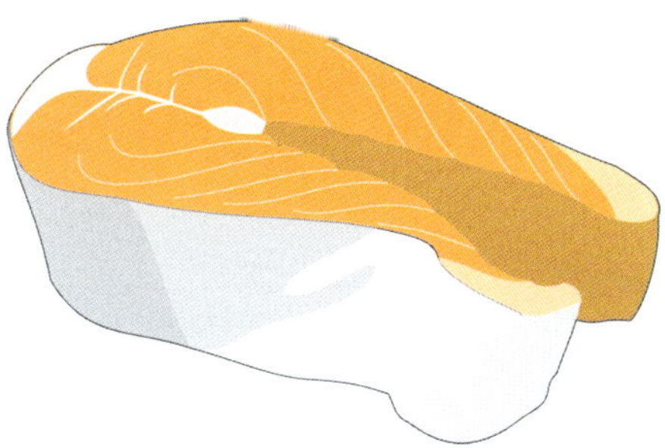

Hörnchen-Nudeln mit Schafskäse

Zutaten

400 g Hörnchen-Nudeln
150 g Schafskäse
4 Tomaten
Salz
Basilikum

Zubereitung

- ▷ Nudeln in reichlich Salzwasser garen.
- ▷ Tomaten kurz in das Nudelwasser tauchen und häuten, dann würfeln.
- ▷ Schafskäse ebenfalls würfeln.
- ▷ Nudeln abgießen und die Tomatenwürfel und Schafskäsewürfel unter die heißen Nudeln mischen, mit Basilikum würzen und sofort servieren.

Wenn man südlich des Weißwurst-Äquators zu Hause ist, gehören Nudeln in jeder Form regelmäßig auf den Tisch. Hier die neuesten Varianten der Camping-Nudelküche:

Nudeln mit geräuchertem Lachs

Zutaten

400 g Nudeln
150 g geräucherte Lachsfilets
150 g Crème fraîche
2 Teelöffel grüner Pfeffer
Salz
Dill
Zitronensaft

Zubereitung

▷ Nudeln in Salzwasser bissfest kochen.
▷ Crème fraîche mit Pfeffer, Dill und Salz und etwas Zitronensaft verrühren
▷ Lachsfilets in Streifen schneiden.
▷ Nudeln abgießen und Lachsfilets mit der Dillcreme untermischen. Sofort servieren.

☺ Schmeckt auch kalt als Nudelsalat

Schwarzwälder Frühlingsnudeln

Zutaten

400 g Nudeln
100 g Schwarzwälder Schinken
500 g Spargel frisch oder aus der Dose
250 g Quark
Salz
Pfeffer
Muskat
1 Bund frischer Schnittlauch

Zubereitung

- ▷ Nudeln in reichlich Salzwasser bissfest kochen.
- ▷ Schinken in kleine Streifen schneiden und in einer Pfanne anrösten.
- ▷ Spargel weich dünsten (Dosenspargel nur erhitzen) und in kleine Stücke schneiden.
- ▷ Quark mit Salz, Gewürzen und dem kleingeschnittenen Schnittlauch und etwas Wasser glatt rühren.
- ▷ Nudeln abgießen, mit Schinkenstreifen und Spargelstückchen mischen und den Quark unterziehen. Sofort servieren.

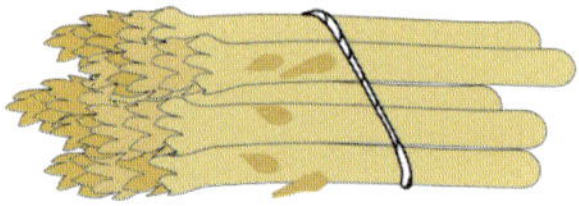

Paprika-Salami-Nudeln

Zutaten

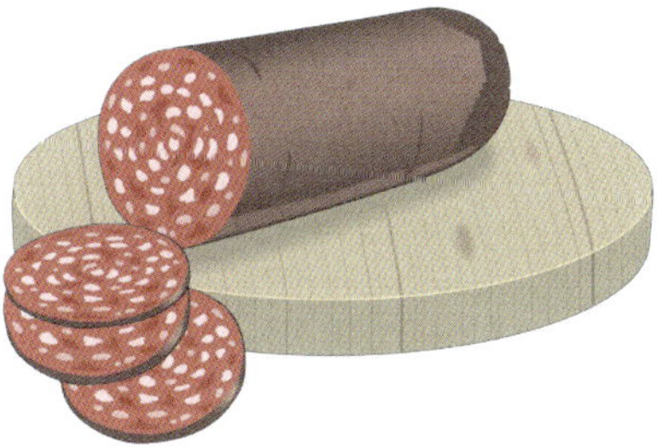

400 g Penne
1 Zwiebel
2 Knoblauchzehen
2 Paprika
100 g Salami
150 g Blauschimmelkäse
200 ml Sahne
Salz
Pfeffer
Paprikapulver
Parmesankäse zum Bestreuen
Olivenöl für die Pfanne

Zubereitung

- ▷ Nudeln in Salzwasser bissfest kochen.
- ▷ Zwiebel in dünne Spalten schneiden, Knoblauch fein würfeln, Salami in Würfel oder Streifen schneiden, Paprika aushöhlen und würfeln.
- ▷ Zwiebel, Paprika, Knoblauch und Salami in etwas Olivenöl in der Pfanne anbraten bis die Zwiebel glasig sind.
- ▷ Sahne angießen und würzen. Bei niedriger Hitze 5 Minuten köcheln lassen, dann den klein geschnittenen Blauschimmelkäse unterheben.
- ▷ Die Mischung über die Nudeln geben und mit Parmesankäse bestreuen. Sofort servieren.

Penne mit Bratwurst, Peperoni und Oliven

Zutaten

400 g Penne
1 Esslöffel Olivenöl
1 Zwiebel
450 g grobe rohe Bratwurst
3 eingelegte Peperoni (oder Chiliflocken)
400 g stückige Tomaten aus der Dose
10 Oliven
200 ml Rotwein
Salz
Pfeffer
Oregano
Reibkäse

Zubereitung

▷ Penne in Salzwasser al dente garen.
▷ Zwiebel klein würfeln und in Olivenöl andünsten.
▷ Wurst in Scheiben schneiden und mit der Zwiebel anbraten.
▷ Peperoni, Rotwein, Tomaten und Gewürze hinzugeben.
▷ 10 Minuten köcheln lassen.
▷ Oliven hinzugeben, etwas geriebenen Käse unterrühren.
▷ Mit den fertigen Nudeln mischen und servieren.

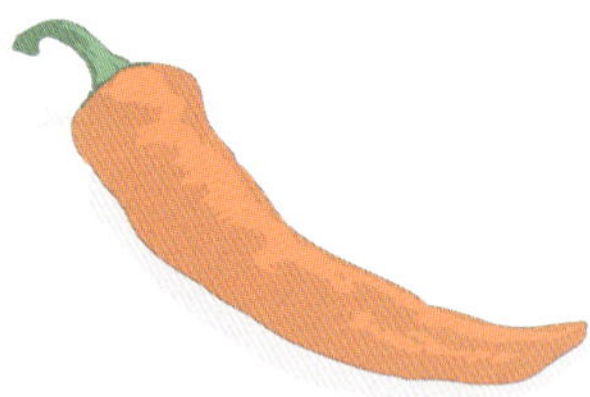

Conchiglie mit Lachs und Garnelen

Zutaten

400 g Conchiglie (oder andere italienische Hartweizennudeln)
350 g Lachsfilets
200 ml Weißwein
Olivenöl
1 Esslöffel Mehl
2 Teelöffel grüne Pfefferkörner
2 Tomaten
150 g saure Sahne
125 g gekochte Garnelen
Salz
Pfeffer
Dill

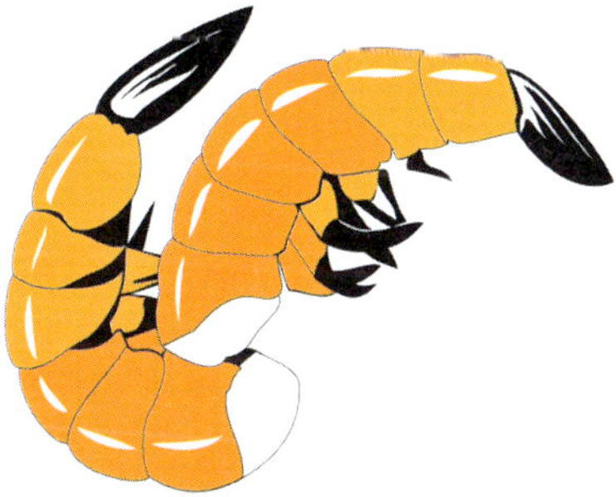

Zubereitung

▷ Conchiglie in Salzwasser al dente kochen.
▷ Tomaten mit Heißwasser übergießen und häuten.
▷ Lachs in Weißwein mit Salz, Pfeffer und Dill 5 Minuten garen. Dann den Lachs in mundgerechte Stücke zerteilen.
▷ Mit Öl und Mehl eine Mehlschwitze zubereiten. Mit dem Kochsud vom Lachs ablöschen.
▷ Pfefferkörner und in Würfel geschnittene Tomaten zugeben.
▷ Einmal aufkochen, dann saure Sahne und Garnelen und das Lachsfleisch zugeben.
▷ Nochmals erhitzen, aber nicht mehr kochen. Mit den fertigen Nudeln mischen und servieren.

Penne mit Spargel und Gorgonzolasauce

Zutaten

400 g Penne
450 g gegarter Spargel (frisch oder aus der Dose)
200 g Gorgonzola
1 Becher Sahne
Salz
Pfeffer

Zubereitung

- ▷ Penne in Salzwasser al dente garen.
- ▷ Spargel in mundgerechte Stücke schneiden und im Kochwasser oder im Spargelwasser aus der Dose erhitzen.
- ▷ Käse zerbröseln, mit der Sahne verrühren und langsam erhitzen.
- ▷ Heiße Spargel zugeben, würzen und über die fertigen Nudeln geben. Sofort servieren.

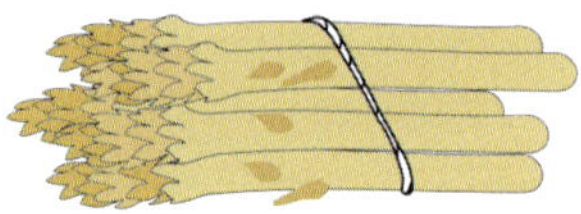

Penne mit Speck, Champignons und Sardellen

Zutaten

400 g Penne
Olivenöl
2 Zwiebeln
175 g gewürfelter Speck
250 g Champignons
5 Sardellenfilets
10 Oliven
Parmesan
Salz
Pfeffer

Zubereitung:

- ▷ Penne in Salzwasser al dente garen.
- ▷ Zwiebeln in dünne Ringe schneiden und mit dem Speck in etwas Olivenöl andünsten.
- ▷ Champignons, Sardellen und Oliven unterrühren.
- ▷ Schmoren bis die Champignons gar sind. Abschmecken und über die Nudeln geben.

Nudeln mit Artischockensauce

Zutaten

400 g italienische Nudeln aus Hartweizengrieß
1 Dose eingelegte Artischocken
Olivenöl
1 Zwiebel
400 g stückige Tomaten aus der Dose
2 Knoblauchzehen
Oregano
Chiliflocken
Salz
Pfeffer
Petersilie
2 Esslöffel Parmesan

Zubereitung

▷ Zwiebel fein würfeln, in Öl andünsten, mit Tomaten und Gewürzen aufkochen und 15 Minuten köcheln lassen.

▷ Nudeln in Salzwasser bissfest garen.

▷ Knoblauchzehen abziehen und mit der Knoblauchpresse in die Sauce pressen.

▷ Artischocken abgießen und die Herzen vierteln.

▷ Wenn die Nudeln fertig sind, die Artischocken und den Parmesan unter die Tomatensauce geben, nochmals aufkochen und dann unter die Nudeln mischen. Sofort servieren.

Kartoffelschmaus

Zutaten für Gröstl

Falsche Grillkartoffeln

Zutaten

1-2 große Kartoffeln pro Person
Salz ins Kochwasser
100 g Crème fraîche
1 Esslöffel gemischte Kräuter (Dill, Petersilie, Schnittlauch, ...)
Pfeffer
etwas Salz

Zubereitung

- ▷ Um die Grillzeit großer Kartoffeln zu verkürzen, können Sie folgendermaßen vorgehen: Kartoffeln sorgfältig bürsten, zu zwei Dritteln mit Wasser bedecken, zum Kochen bringen und 10 Minuten kochen lassen. Dann vorsichtig herausnehmen, in Alu-Folie wickeln und auf den Grill legen.
- ▷ Die Crème fraîche mit den Kräutern, Pfeffer und Salz verrühren und mit etwas Wasser glatt rühren.
- ▷ Bei den fertig gegrillten Kartoffeln die Alufolie vorsichtig oben öffnen, die Kartoffel der Länge nach aufritzen und die Kräutercreme einfüllen.

Aus getrockneten Kartoffeln: Kartoffeln mit Speck und Käse

Zutaten

250 g getrocknete Kartoffeln
50 g getrocknete Zwiebeln
100 g durchwachsener Speck
1 Tasse Milch
100 g Bergkäse
Salz
Pfeffer
Kräutermischung

Zubereitung

▷ Kartoffeln mit etwas Wasser und der Milch ca. 15 Minuten einweichen. Zwiebeln ebenfalls einweichen.
▷ Kartoffeln würzen und langsam erhitzen. Auf kleiner Flamme köcheln bis die Kartoffeln weich werden und die Flüssigkeit verkocht ist.
▷ Währenddessen den Speck würfeln und mit den Zwiebeln anbraten
▷ Speck und Zwiebeln über die Kartoffeln geben und alles mit dem gewürfelten Käse vorsichtig mischen.

☺ Ohne Käse auch als Beilage geeignet.

Trocknen von Kartoffeln
Kartoffeln schälen, in dünne Scheiben schneiden, 3 Minuten in kochendem Wasser blanchieren, bis die Scheiben glasig sind und dann trocknen.

Aus Österreich: Gröstl

Zutaten

1 kg Kartoffeln
150 g durchwachsener geräucherter Speck
2 große Zwiebeln
etwas Öl für die Pfanne

Zubereitung

- ▷ Kartoffeln in der Schale garen. Abdampfen lassen und schälen.
- ▷ Zwiebelringe mit Speckwürfeln in etwas Öl glasig andünsten.
- ▷ Kartoffeln in nicht zu kleine Würfel schneiden und in der Pfanne mit Zwiebeln und Speck rösten.
- ▷ Statt Speck kann man auch sehr gut Bratenreste verwenden.

Kartoffelbratlinge

Zutaten

1 kg gekochte Kartoffeln
1-2 Esslöffel Mehl
2 Eier
Salz
Öl für die Pfanne

Zubereitung

Dieses Gericht lohnt vor allem, wenn man Kartoffelreste oder wenn man tags zuvor die doppelte Menge an Kartoffeln vorbereitet hat. Zu den Bratlingen serviert man am besten Ketchup und bunten Salat.

▷ Kartoffeln pellen und reiben, mit Mehl, Eiern und Salz zu einem leicht formbaren Teig kneten.
▷ Bratlinge formen und in heißem Fett beidseitig backen.

Bauernomelette

Zutaten

800 g gekochte Kartoffeln
1 Zwiebel
100 g gekochter Schinken
1 Tasse getrocknete Pilze oder 1 Dose Pilze
1 Tasse Mehl
2 Eier
1 Tasse Milch
Salz
Pfeffer
Öl für die Pfanne

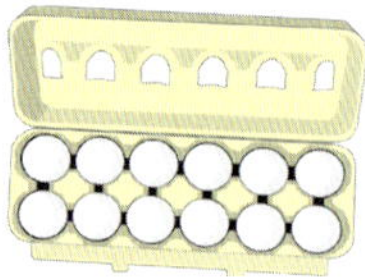

Zubereitung

▷ Kartoffeln in Scheiben schneiden, Zwiebel würfeln, Schinken in Streifen Pilze in Scheiben schneiden.

▷ Aus Mehl, Eiern und Milch einen Pfannkuchenteig zubereiten, mit Salz und Pfeffer würzen.

▷ Zuerst Zwiebel mit Schinkenstreifen anbraten, dann die Kartoffeln und Pilze hinzufügen und 10 Minuten rösten. Die Hitze drosseln und den Pfannkuchenteig darüber gießen. Langsam stocken lassen und einmal mit Hilfe eines Tellers oder Deckels wenden.

Schwäbischer Kartoffelsalat

Zutaten

1-1,5 kg Kartoffeln
¼ l Fleischbrühe (Instant)
1 Zwiebel
Salz, Pfeffer
1 Esslöffel getrockneter Majoran
1 Tasse Öl
2 Esslöffel Essig

Zubereitung

▷ Festkochende Kartoffeln in der Schale garen (nicht zu lange, damit sie nicht zerfallen, Stäbchenprobe!), kurz abdampfen lassen, schälen und in Scheiben schneiden.
▷ Heiße Fleischbrühe über die Kartoffelscheiben gießen, 5 Minuten ziehen lassen.
▷ Zwiebel fein hacken, zu den Kartoffeln geben.
▷ Aus den restlichen Zutaten eine Salatsoße mixen, über die noch warmen Kartoffeln geben und 1 Stunde zugedeckt ziehen lassen. Kurz vor dem Servieren nochmals vorsichtig mischen.

Im Schwäbischen serviert man den Kartoffelsalat als Beilage zu warmem Fleischkäse, gefüllter Kalbsbrust, Würstchen o.Ä. häufig warm und reicht dazu Bratensoße.

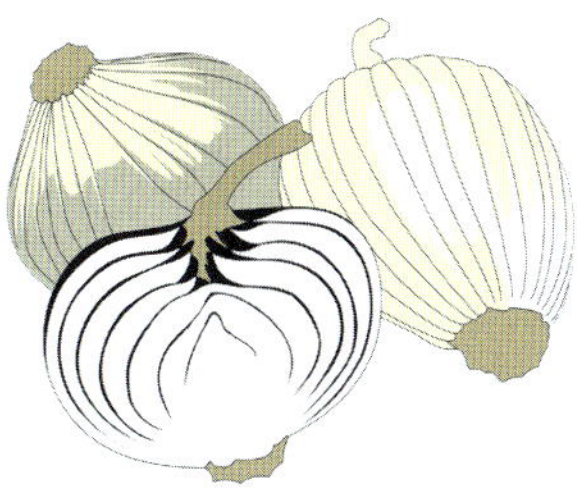

Reispfannen- und gerichte

Reis garen:

- ▷ Reis ohne Salz garen. Dazu den Reis einen daumenbreit mit Wasser bedecken und auf kleiner Flamme kochen bis das Wasser fast verschwunden ist.
- ▷ Reis von der Kochstelle nehmen und zugedeckt, evtl. sogar eingepackt beiseite stellen.

Asiatische Reispfanne

Zutaten

250 g Reis
500 g Putenfleisch
Salz
Curry
etwas Öl für die Pfanne
1 Dose Chinagemüse oder
500 g frisches Gemüse (Chinakohl, Karotten, Sojasprossen, Lauch, Sellerie, Pilze, usw je nach Geschmack)
1 kleine Dose Ananas in Stücken

Zubereitung

- ▷ Reis garen, wie oben beschrieben.
- ▷ Putenfleisch schnetzeln, mit Salz und Curry würzen und mit etwas Öl in der Pfanne anbraten.
- ▷ Gemüse hinzufügen, 10 Minuten garen lassen, Ananas und evtl. etwas Ananassaft hinzugeben.
- ▷ Die Pfanne über den Reis geben und gut mischen.

Gemüse-Reispfanne

Zutaten

250 g Vollkornreis
600 g gemischtes Gemüse: Lauch, Karotten, Bleichsellerie, Kohlrabi oder ½ kleiner Kürbis, Blumenkohl oder Brokkoli
100 g Walnüsse
Gemüsebrühe (Instant)
Pfeffer
Salz
Curry
Paprikapulver

Zubereitung

▷ Reis garen, wie oben beschrieben.
▷ Lauch in feine Ringe schneiden, Karotten und Bleichsellerie in Scheiben schneiden, ebenso Kohlrabi oder Kürbis, Blumenkohl oder Brokkoli in Röschen zerteilen.
▷ Das Gemüse mit etwas Öl vorsichtig anbraten, dann ¼ l Gemüsebrühe hinzufügen und das Gemüse bissfest dämpfen.
▷ Reis und Walnüsse vorsichtig unterheben und herzhaft würzen.
Wem diese Pfanne zu "gemüsig" schmeckt, der kann sie mit Käsewürfeln oder Schinkenstreifen etwas herzhafter gestalten.

Pikante Reispfanne

Zutaten

250 g Reis
250 g Fleischkäse
2 Zwiebeln
100 g Emmentaler
2 Paprika (rot, gelb oder grün)
1 Esslöffel Öl zum Anbraten
1 Teelöffel Paprikapulver

Zubereitung

▷ Reis garen, wie oben beschrieben.

▷ Fleischkäse würfeln, Zwiebeln würfeln, Paprika in Scheiben schneiden. Alles zusammen in dem Öl anbraten, Reis hinzufügen, ebenfalls anbraten lassen, mit Paprikapulver würzen.

▷ Emmentaler würfeln und unmittelbar vor dem Servieren unter den Reis mischen.

☺ Schmeckt mit Vollkornreis besonders gut. Dieser hat aber eine etwas längere Garzeit. Einfacher geht es mit Parboiled Reis oder Kochbeutelreis.

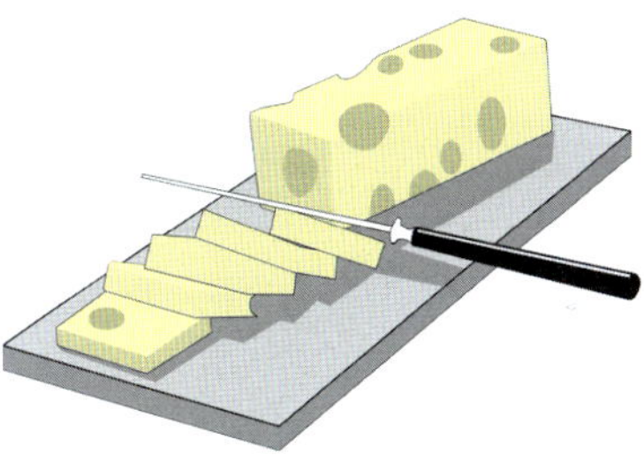

Scharfe Reispfanne

Zutaten

250 g Reis
2 Paar Landjäger (oder geräucherte Bauernwürstchen)
1 Peperoni
2 Zwiebeln
2 Paprika (rot, grün oder gelb)
etwas Öl für die Pfanne
Chilipfeffer

Zubereitung

- ▷ Den Reis wie oben beschrieben garen.
- ▷ Landjäger in feine Scheiben schneiden, Peperoni, Zwiebeln und Paprika in Ringe schneiden.
- ▷ Die Landjäger mit dem geschnittenen Gemüse scharf anbraten, Reis unterziehen, mit Chilipfeffer würzen.

Gefüllte Paprika auf Reis

Zutaten

250 g Reis
4 große Paprika
500 g Hackfleisch gemischt
1 Tasse Haferflocken
1 Ei
Salz, Pfeffer
Petersilie
Oregano
Thymian (oder 1 Esslöffel Kräutermischung)
1 Brühwürfel
2 Esslöffel Tomatenmark

Zubereitung

▷ Die Paprika aushöhlen.

▷ Aus Hackfleisch, Ei, Haferflocken, Salz, Pfeffer und Kräutern einen Fleischteig bereiten, die Paprika mit dem Fleischteig füllen.

▷ In einem großen Kochtopf zuunterst den Reis geben, Wasser dazugeben, so dass das Wasser zwei daumenbreit über dem Reis steht. Brühwürfel zerbröseln und in das Wasser streuen. Die gefüllten Paprika mit der Öffnung nach oben vorsichtig auf den Reis setzen. Mit geschlossenem oder nur wenig geöffnetem Deckel 45 Minuten garen und bei Bedarf etwas Wasser nachfüllen.

▷ Paprika herausnehmen und auf dem Teller anrichten. Vom Reis eventuell überschüssiges Wasser abgießen und das Tomatenmark unterziehen. Zu den Paprika servieren.

☺ Dieses Gericht gelingt auch vorzüglich im Dampfkochtopf und braucht dann nur etwa die Hälfte der Zeit.

Paprika-Tomaten-Reis

eignet sich wunderbar als Beilage zu *Pfannengyros mit Tsatsiki* und *Mit Feta gefüllten Mini - Bifteki* (☞ Fleisch und Wurst)

Zutaten

250 g Reis
1 Fleischtomate
½ Paprika
Paprikapulver
Curry
Salz
Cayennepfeffer

Zubereitung

▷ Reis waschen und einen daumenbreit mit Wasser bedecken. Kochen, bis nahezu das ganze Wasser verdampft ist.

▷ Dann die gewürfelten Tomaten und Paprika hinzugeben, würzen und unter Rühren einige Minuten weiterkochen.

Bifteki und Paprika-Tomaten-Reis

Risotto mit Chorizo

Zutaten

250 g Reis
2 Zwiebeln
1 Liter Hühnerbrühe (Instant)
1 Paprika
150 g Chorizo (oder Salami)
10 Oliven
Salz
Paprika
Petersilie
Parmesan
Olivenöl

Zubereitung

- ▷ 1 Zwiebel klein würfeln und in Olivenöl glasig dünsten.
- ▷ Reis zugeben und mit anschwitzen.
- ▷ Den Reis mit der einem Teil der Hühnerbrühe ablöschen. Bei kleiner Hitze garen, dabei immer wieder umrühren und Brühe zugeben wie nötig.
- ▷ Die zweite Zwiebel in Ringe schneiden. Den Paprika würfeln, die Chorizo in Scheiben schneiden.
- ▷ Chorizo, Zwiebel und Paprikawürfel in etwas Olivenöl in einer Pfanne anbraten.
- ▷ Ist der Reis gar, die Wurst-Paprika-Pfanne mit den Oliven unter den Reis rühren.
- ▷ Mit Gewürzen und Parmesan abschmecken. Sofort servieren.

Risotto mit Speck und Gorgonzola

Zutaten

280 g Reis
Olivenöl
1 Zwiebel
100 g gewürfelten Speck
1,25 l heiße Gemüsebrühe
125 g Gorgonzola
Salz
Pfeffer

Zubereitung

- ▷ Feingeschnittene Zwiebel mit den Speckwürfeln anbraten. Reis mit anschwitzen, mit einem Teil der Brühe ablöschen.
- ▷ Reis garen. Dabei immer wieder umrühren und Brühe nachgeben.
- ▷ Wenn der Reis gar ist, gewürfelten Gorgonzola unterrühren und mit Salz und Pfeffer abschmecken. Sofort servieren.

Suppen und Eintöpfe

Am Meer: Fischeintopf

Zutaten

ca. 600 g verschiedene Fischfilets
1 Zwiebel
1 große Dose Schältomaten
2 mittelgroße Zucchini
etwas Olivenöl zum Anbraten

Zubereitung

▷ Zwiebel in Ringe schneiden, in Öl glasig dünsten.
▷ Die in Scheiben geschnittenen Zucchini dazugeben, mit der Dose Schältomaten ablöschen.
▷ Wenn die Soße wieder köchelt, Fisch in mundgerechte Stücke teilen und hinzugeben, auf kleiner Hitze fertig dünsten.

☺ Besonders fein schmeckt dieser Eintopf, wenn Sie gegen Ende der Garzeit noch Krabben oder auch Muscheln hinzugeben.

Schnelle Kartoffelsuppe

Zutaten

500 g Kartoffeln
1 Glas Würstchen (oder 4 Paar frische Wiener)
3 Würfel Fleischbrühe
1 große Zwiebel (evtl. auch getrocknet)
1 Esslöffel Essig
Petersilie

Zubereitung

▷ Kartoffeln schälen und in nicht zu große Stücke schneiden, in 1,5 l Fleischbrühe weich kochen.
▷ Würstchen in Scheiben schneiden.
▷ Wenn die Kartoffeln weich sind, vorsichtig mit dem Rührlöffel einige davon zerdrücken.
▷ Dann die Würstchenscheiben in die Suppe geben und wieder aufkochen lassen.
▷ In dieser Zeit die Zwiebel würfeln und anbraten, bis sie leicht gebräunt ist. Die Zwiebelwürfel mit dem Bratfett in die Suppe geben.
▷ Die Suppe mit 1 Esslöffel Essig und Petersilie abschmecken.

☺ Statt der Zwiebel können Sie auch eine Stange Lauch in feine Ringe schneiden und von Anfang an mitgaren. Dann wird die Suppe etwas sämiger.

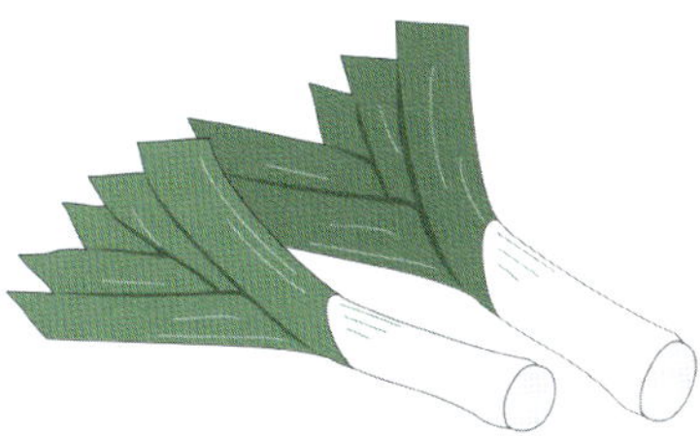

Schnelle Klößchen-Nudelsuppe

Zutaten

3 Brühwürfel
250 g Suppennudeln
1 Esslöffel Suppenkräuter
80 g Semmelbrösel
20 g weiche Butter
1 Ei
Salz
Pfeffer
Muskat

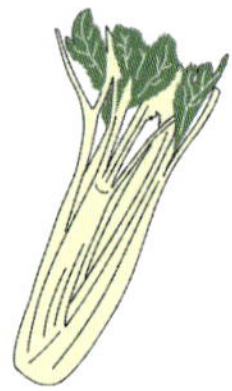

Zubereitung

▷ Aus 1,5 l Wasser und den Brühwürfeln eine Fleischbrühe kochen, die Suppennudeln und Suppenkräuter in die Brühe geben wieder aufkochen.

▷ Semmelbrösel, Butter, Ei und Gewürze mit der Gabel zu einem geschmeidigen Teig verkneten, nussgroße runde Klößchen formen und in die leicht kochende Suppe geben.

▷ Die Suppe ist fertig, wenn alle Klößchen oben schwimmen.

☺ Sie können die Klößchen auch mit dem Löffel abstechen.

Wenn man die Suppe mit Suppenmaultaschen erweitert, so erhält man eine schwäbische Festtagssuppe

Linseneintopf

Zutaten

250 g getrocknete Linsen
2 Brühwürfel
Salz, Muskat
2 Karotten
1 kleine Stange Lauch (evtl. auch getrocknet)
4 mittelgroße Kartoffeln
2 Esslöffel Essig

Zubereitung

▷ Linsen waschen, in ca. 2 l Wasser aufkochen lassen, Wasser abgießen, in frischem Wasser wieder aufkochen lassen,

▷ Brühwürfel, Gewürze, gewürfelte Karotten, in feine Ringe geschnittenen Lauch und grob gewürfelte Kartoffeln hinzufügen,

▷ 20 Minuten auf kleiner Flamme kochen lassen (oder bis die Linsen weich sind), mit dem Essig abschmecken.

☺ Linsen auf süddeutsche Art

Statt der Kartoffeln gibt es Spätzle zu den Linsen. Wenn man keine zweite Flamme zum Kochen hat, nimmt man die Linsen nach dem zweiten Aufkochen von der Flamme und schlägt den ganzen Topf mit Deckel in ein großes Badetuch ein. Dann kocht man die Spätzle. Wenn diese am Kochen sind, wird gewechselt. Der Spätzletopf kommt ins Badetuch, die Linsen auf die Flamme. Wenn beides fertig ist, werden die Linsen über die Spätzle gegeben.

Tomatensuppe mit Tortellini

Zutaten

500 ml passierte Tomaten
250 g getrocknete Tortellini
Salz
Pfeffer
Basilikum
geriebener Parmesankäse

Zubereitung

- ▷ Tortellini in Salzwasser garen und abgießen.
- ▷ Passierte Tomaten mit etwas Wasser verdünnen und mit Salz, Pfeffer und Basilikum würzen. Langsam erhitzen.
- ▷ Tortellini in die Tomatensuppe geben, mit Basilikumblättchen garnieren und zusammen mit dem Parmesankäse servieren.

☺ Die Suppe mit Paprikastreifen anreichern und vor dem Servieren einen Klecks saure Sahne darauf setzen.

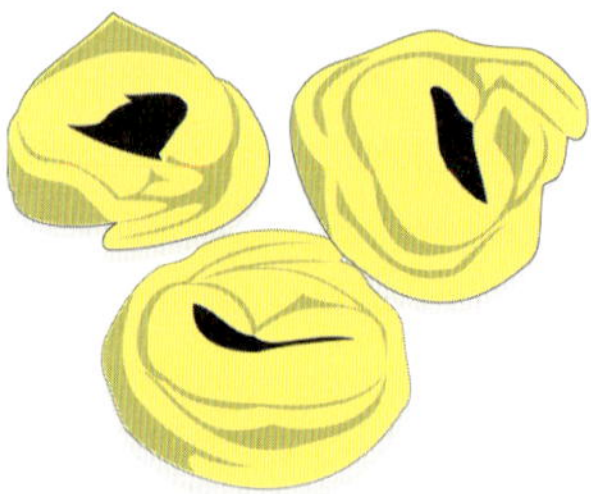

Für frierende Camper: Zwiebelsuppe

Zutaten

4 große Zwiebeln (oder entsprechende Menge getrocknete Zwiebeln)
2 Esslöffel Öl
1 Tasse Rot- oder Weißwein
1,5 l Fleischbrühe (Instant)
Salz
Pfeffer
Majoran
Thymian
100 g geriebener Käse
4 Scheiben Weißbrot

Zubereitung

- ▷ Zwiebeln in feine Ringe schneiden und in dem Öl glasig dünsten, mit Wein und Fleischbrühe ablöschen und 20 Minuten bei schwacher Hitze köcheln lassen.
- ▷ Inzwischen Weißbrot würfeln und mit Öl in einer Pfanne knusprig rösten.
- ▷ Suppe würzen und abschmecken, in Suppentassen verteilen. Brotwürfel auf die Suppe geben und mit Käse bestreuen.

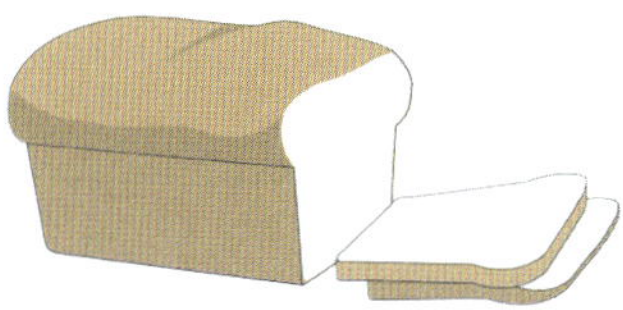

Chinesisches Essen ist in meiner Familie sehr beliebt. Also liegt es nahe, einige Rezepte fürs Camping geeignet zu variieren. Je nach Reiseziel muss man allerdings Vorräte von zu Hause mitnehmen wie z.B. Bambussprossen und Sojakeimlinge in der Dose oder im Glas, Glasnudeln, Sojasoße, getrockneten Ingwer.

Hühnersuppe chinesische Art

Als Vorspeise!

Zutaten

2 Hähnchenbrustfilets
1,5 l Hühnerbrühe (Instant)
1 Glas Bambussprossen
1 Teelöffel getrockneter Ingwer
2 Esslöffel Essig
1 Teelöffel Zucker
Salz
Cayennepfeffer
Sojasoße

Zubereitung

- ▷ Hühnerbrühe mit Ingwer erhitzen.
- ▷ Hähnchenbrust in feine Scheiben schneiden, in die köchelnde Brühe geben und 5 Minuten garen lassen.
- ▷ Bambussprossen hinzufügen, wieder aufkochen und mit Essig, Zucker, Cayennepfeffer und Sojasoße würzen. Eventuell noch etwas salzen.
- ▷ Heiß servieren.

Diese Suppe kann leicht zum Eintopf erweitert werden (☞ nächste Seite).

Hühnereintopf chinesische Art

Zutaten

3 Hähnchenbrustfilets
1,5 l Hühnerbrühe (Instant)
1 Glas Bambussprossen
1 Glas Sojabohnenkeimlinge
100 g Glasnudeln
1 Teelöffel getrockneter Ingwer
2 Esslöffel Essig
1 Teelöffel Zucker
Cayennepfeffer
Salz
Sojasoße

Zubereitung

- ▷ Hühnerbrühe mit Ingwer erhitzen.
- ▷ Glasnudeln in kaltem Wasser einweichen.
- ▷ Hähnchenbrust in feine Scheiben schneiden, in die köchelnde Brühe geben und 5 Minuten garen lassen.
- ▷ Bambussprossen und Sojakeimlinge hinzufügen, wieder aufkochen.
- ▷ Glasnudeln mit der Schere in mundgerechte Stücke teilen und in die Suppe geben, kurz ziehen lassen.
- ▷ Die Suppe mit Essig, Zucker, Cayennepfeffer und Sojasoße würzen, eventuell noch etwas salzen.
- ▷ Heiß servieren.

Aus Südtirol: Eine Variation der Terlaner Weinsuppe

Meine Familie schätzt diese Suppe sehr. Es ist mir jedoch unter Campingbedingungen nie gelungen, sie perfekt aufzuschlagen. Deshalb hier eine auch sehr leckere leicht abgewandelte Form.

Zutaten

1 l Fleischbrühe (Instant)
gut ¼ l Weißwein
200 g Sahne
1 Esslöffel Butter
1 Esslöffel Mehl
4 Eigelb
Salz
Pfeffer
Muskat
evtl. etwas Zimt

Zubereitung:

▷ Mit Butter und Mehl eine helle Mehlschwitze bereiten und mit dem Weißwein ablöschen.
▷ Fleischbrühe hinzufügen und aufkochen.
▷ Hitze stark reduzieren und die Eigelb mit dem Schneebesen kräftig in die Suppe rühren. Weiterschlagen bis die Suppe eine cremige Konsistenz erhält.
▷ Sahne hinzufügen und mit Salz, Pfeffer und Muskat abschmecken.
▷ Suppe vorsichtig nochmals erhitzen, aber nicht mehr kochen.

Gemüsevariationen und Pilze

Am Ziel

Schwäbisch: Bohnen mit Spätzle

Zutaten

250 g Spätzle
500 g grüne Bohnen (evtl. auch aus der Dose)
Bohnenkraut, Salz, Pfeffer
2 Esslöffel Butter
2 Esslöffel Mehl
2 Esslöffel Essig

Zubereitung

▷ Bohnen putzen, mit Bohnenkraut, Salz und Pfeffer würzen und mit Wasser bedeckt mindestens 20 Minuten garen.

▷ Spätzle in reichlich Salzwasser garen.

▷ Wenn die Bohnen gar sind, mit Butter und Mehl eine dunkle Einbrenne machen mit Essig und dem Kochwasser der Bohnen ablöschen, so dass eine sämige Soße entsteht.
Das überschüssige Kochwasser der Bohnen abgießen. Die Soße mit Salz und Essig abschmecken, über die Bohnen gegeben und zu den Spätzle servieren

☺ Debrecziner Würstchen sind eine ideale Ergänzung dazu.

Frankreich: Couscous mit Ratatouille

Zutaten

250 g Couscous
1 Zwiebel
2 mittelgroße Zucchini
2 Fleischtomaten
1 kleine Aubergine
2 Knoblauchzehen
Pfeffer
Salz
1 Esslöffel Herbes de Provence
2 Esslöffel Olivenöl

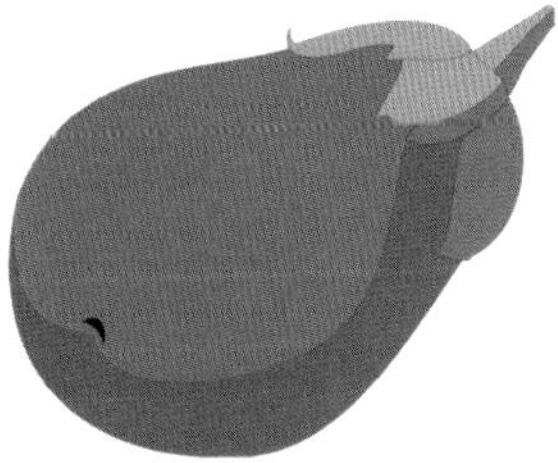

Zubereitung

▷ Couscous nach den Anweisungen auf der Packung zubereiten.
▷ Zwiebel würfeln, Zucchini und Aubergine in Scheiben schneiden, Knoblauchzehen fein hacken, alles in Olivenöl anbraten.
▷ Fleischtomaten in kochendes Wasser tauchen, häuten und würfeln, zu der Gemüsemischung geben und 5 Minuten schmoren lassen.
▷ Evtl. noch etwas Wasser hinzufugen, mit Pfeffer, Salz und Herbes de Provence abschmecken.

☺ Es gibt Couscous, den man über Nacht einweichen muss und solchen, den man nur in kochendem Wasser 20 Minuten quellen lassen muss. Achten Sie beim Kauf darauf, dass letzteres der Fall ist, dann benötigen Sie weniger Energie und stehen nicht so lange am Herd.

Italien: Polenta mit Gemüse-Hackfleisch-Soße

Zutaten

250 g Polenta (Maisgrieß)
Salz
Muskat
1 Esslöffel Butter
500 g Rinderhackfleisch
1 Zwiebel
1 rote und 1 grüne Paprika
1 Zucchini
1 kleiner Fenchel
500 ml passierte Tomaten
2 Esslöffel Olivenöl
Pfeffer
Paprikapulver
Basilikum
Oregano

☺ Die Polenta wird glatter und milder, wenn Sie bei der Zubereitung einen Teil des Wassers, höchstens die Hälfte, mit Milch ersetzen.

Zubereitung

▷ 500 ml Wasser mit Muskat und Salz zum Kochen bringen, Maisgrieß unter Rühren einrieseln lassen, Rühren bis der Grieß zu dickem Brei gequollen ist, dann etwa 15 Minuten warm stellen.

▷ Hackfleisch mit gehackter Zwiebel in Olivenöl anbraten, Paprika und Fenchel in Streifen, Zucchini in Scheiben schneiden.

▷ Das Gemüse zum Fleisch in die Pfanne geben und mitbraten, dann mit den passierten Tomaten und etwas Wasser zu einer sämigen Soße verarbeiten, mit Salz, Pfeffer, Paprikapulver und Kräutern abschmecken.

▷ Butter in Flöckchen auf die Polenta setzen und vorsichtig unterheben. Soße und Polenta der Farbwirkung wegen getrennt servieren.

Schnell: Mozzarella-Tomaten

Zutaten

500 g vollreife fleischige Tomaten
250 g Mozzarella
Salz, Pfeffer
Basilikum
Olivenöl

Zubereitung

▷ Tomaten in daumendicke Scheiben schneiden.
▷ Pfanne mit Olivenöl auspinseln, Tomaten in die Pfanne schichten, würzen, bei kleiner Hitze und geschlossenem Deckel 5 Minuten dünsten.
▷ Mozzarellascheiben über die Tomaten schichten. Weitere 5 Minuten bei geschlossenem Deckel dünsten, mit Basilikumblättchen garnieren und servieren.
▷ Dazu passen gut frisch gebackene Oliven- oder Knoblauchbrötchen.

Mozzarella-Tomaten (md)

Vollwertig: Grünkernbratlinge mit Saisongemüse und Käsesoße

Zutaten

100 g Grünkernschrot
knapp ½ l Wasser
Salz, Lorbeerblatt
1-2 Eier
1 Zwiebel
30-50 g Vollkornbrösel
30 g Haferflocken
Pfeffer, Salz, Majoran, gehackte Petersilie
Fett zum Ausbraten
500 g Gemüse nach Jahreszeit
2 Esslöffel Butter
2 Esslöffel Mehl
1 Tasse Milch
100 g geriebener Käse

Zubereitung

▷ Schrot in Wasser mit Salz, Lorbeerblatt und fein gewürfelter Zwiebel aufkochen und ausquellen lassen. Ab und zu umrühren, nach 20-30 Minuten das Lorbeerblatt entfernen, Masse abkühlen lassen.

▷ Ei, Brösel, Haferflocken und Gewürze untermengen. Gut abschmecken und 8 kleine Frikadellen formen.

▷ In heißem Fett ausbacken. Dabei einmal wenden.

▷ Gemüse bissfest garen.

▷ Mit Butter und Mehl eine Mehlschwitze erhitzen, mit Milch ablöschen und mit Salz, Pfeffer und Muskat würzen. Von der Kochstelle nehmen und den Reibkäse unterziehen.

▷ Käsesoße über das Gemüse geben und zu den Bratlingen servieren.

Zucchinipuffer

Zutaten

2-3 mittelgroße Zucchini
3 Tassen Mehl
3 Eier
Milch
Salz
Kräuter (Petersilie, Dill)
Öl zum Ausbacken

Zubereitung

▷ Aus Mehl, Eiern, Milch, Salz und Kräutern einen Pfannkuchenteig bereiten.
▷ Zucchini grob raspeln und unter den Teig ziehen.
▷ Puffer in heißem Öl von beiden Seiten ausbacken und sofort servieren.

Zucchini - frischer geht's nicht (md)

Semmelknödel mit frischen Pfifferlingen

Zutaten

1 Packung Semmelknödel im Kochbeutel
500 g frische Pfifferlinge
1 Zwiebel
1 Esslöffel Butter
200 g Crème fraîche
Salz
Pfeffer
Petersilie

Zubereitung

- ▷ Semmelknödel nach Packungsanleitung zubereiten.
- ▷ Pilze waschen und putzen, Zwiebel klein würfeln.
- ▷ In einer kleinen Gemüsetopf die Zwiebelwürfel in der Butter glasig dünsten. Dann die Pilze hinzufügen. So lange weiterdünsten bis das Pilzwasser verdampft ist und die Pilze weich sind.
- ▷ Crème fraîche und Petersilie hinzufügen mit Salz abschmecken und zu den Semmelknödeln servieren.

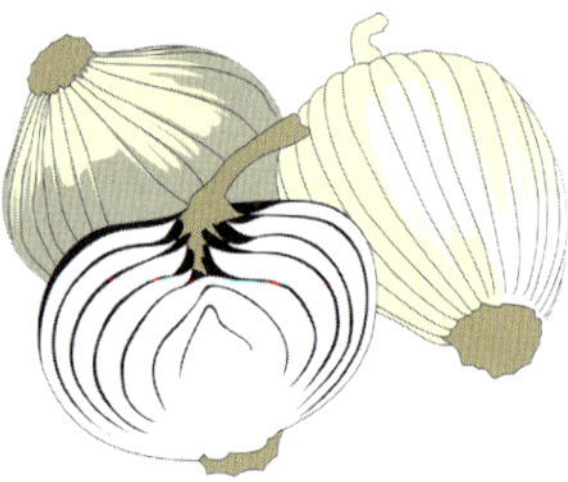

Spinatknödel in Spargelsauce

Zutaten

1 Packung Fertigteig für rohe Klöße (z.B. von Pfanni oder auch frisch)
250 g Blattspinat (frisch oder gefroren)
500 g Spargel (frisch oder aus der Dose)
200 g Sahne
1 Esslöffel Mehl
1 Esslöffel Butter
Salz
Pfeffer
Muskat

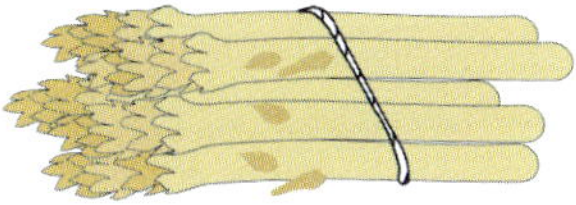

Zubereitung

- ▷ Spargel schälen.
- ▷ Kloßteig nach Packungsanleitung zubereiten.
- ▷ Spinat auftauen oder kurz aufkochen, damit er zusammenfällt.
- ▷ Kloßteig mit dem Ei und dem Spinat vermengen.
- ▷ Reichlich Salzwasser zum Kochen bringen. Klöße formen und im leicht kochenden Wasser 20 Minuten ziehen lassen.
- ▷ In der Zwischenzeit Spargel in Salzwasser weich dünsten.
- ▷ Aus der Butter und dem Mehl eine helle Mehlschwitze zubereiten, mit Spargelwasser ablöschen, mit Salz, Pfeffer und Muskat würzen.
- ▷ Kurz bevor die Klöße fertig sind, die Sahne in die Spargelsauce rühren.
- ▷ Die Klöße und die Spargel auf dem Teller anrichten und die Sauce darübergeben.

Besonders hübsch sieht dieses Gericht aus, wenn Sie weißen und grünen Spargel nehmen.

Gefüllte Champignons

Zutaten

500 g große Champignons
200 g Emmentaler am Stück
Salz
Pfeffer

Zubereitung

- Champignons säubern und die Stiele herausdrehen (anderweitig verwenden).
- Käse in Würfel schneiden, so dass die Würfel in die Pilzhüte passen.
- Pilzhüte innen salzen und pfeffern. Käsewürfel hineinlegen.
- Die Pilze entweder in der geschlossenen Pfanne oder besser noch auf dem Grill garen.

Gefüllte Champignons (hier mit Schafskäse gefüllt) auf dem Grill (md)

Fleisch und Wurst

Strammer Max

Strammer Max

Zutaten

4 Vesperscheiben Fleischkäse
2 Zwiebeln
4 Eier
Öl zum Braten

Zubereitung

- ▷ Zwiebeln in feine Ringe schneiden.
- ▷ Öl in der Pfanne erhitzen. Fleischkäse von beiden Seiten anbraten, Zwiebelringe mitrösten, bis sie leicht gebräunt sind.
- ▷ Fleischkäse aus der Pfanne nehmen. Zwiebelringe auf die Fleischkäsescheiben häufen und warm stellen.
- ▷ Spiegeleier in der Pfanne braten.
- ▷ Eier auf den Zwiebeln auf den Fleischkäsescheiben anrichten und sofort servieren.
- ▷ Dazu passt am besten eine Scheibe deftiges Bauernbrot und ein Glas Bier.

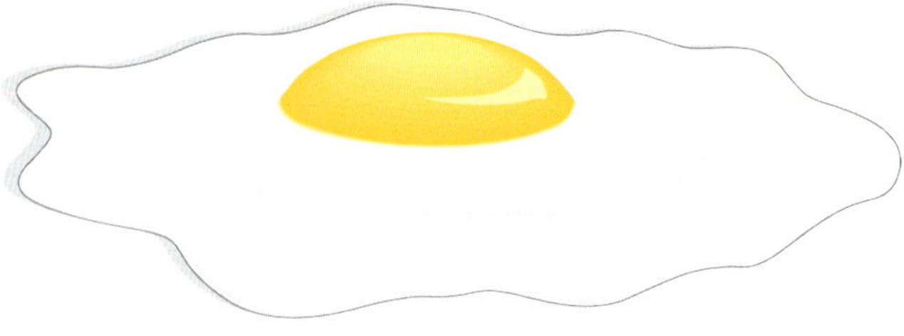

Hackfleischklößchen mit Knoblauch und süßsaurer Soße

Zutaten

500 g Rinderhackfleisch
1 Ei
1 Tasse Haferflocken
2-3 Knoblauchzehen
Salz
Pfeffer
Majoran
Thymian
Fett für die Pfanne
1 Tasse Tomatenketchup
1 kleine Dose Ananasstücke
1 Esslöffel Essig
1 Esslöffel Sojasoße
evtl. etwas Zucker, Curry

Zubereitung

▷ Aus Hackfleisch, Ei, Haferflocken, gehackten Knoblauchzehen und den Gewürzen einen Fleischteig kneten und kleine Frikadellen formen.

▷ In heißem Fett in der Pfanne von beiden Seiten braten.

▷ Für die Soße: Ketchup, Ananassaft, Essig, Sojasoße miteinander verrühren, abschmecken, Ananasstücke hinzufügen und vorsichtig erhitzen, nicht kochen.

▷ Formen Sie kleine runde Hackfleischklößchen und servieren Sie die Soße dazu als Dip.

Überbackene Schnitzel

Zutaten

4 Schweineschnitzel
4 vollreife Tomaten
4 Scheiben Raclette-Käse
Pfeffer
Salz
Oregano
Olivenöl für die Pfanne

Zubereitung

- ▷ Schnitzel klopfen, pfeffern und salzen und in heißem Olivenöl in einer großen Pfanne von einer Seite anbraten.
- ▷ Hitze reduzieren, die Schnitzel wenden, mit Tomatenscheiben belegen und mit Oregano bestreuen.
- ▷ Zuoberst dann jeweils eine Scheibe Raclette-Käse auf die Schnitzel legen.
- ▷ Bei mittlere Hitze und geschlossenem Deckel 5-10 Minuten weitergaren, bis die Schnitzel durch sind.

Sahnegeschnetzeltes

Zutaten

500 g Schweinefilet
200 g frische Champignons (oder 1 kleine Dose)
200 g saure Sahne
1 Zwiebel
Pfeffer
Salz
Majoran
Fett zum Anbraten

Zubereitung

▷ Schweinefilet würfeln, Zwiebel würfeln, Champignons putzen und in Scheiben schneiden.
▷ Schweinefilet mit den Zwiebeln in heißem Fett anbraten.
▷ Pilze hinzufügen.
▷ Hitze reduzieren und alles zusammen 10 Minuten garen, evtl. etwas Wasser hinzufügen.
▷ Saure Sahne darüber geben, mit Pfeffer, Salz und Majoran abschmecken.

☺ Spätzle und grünen Salat dazu servieren.

Zum Grillen: Wurstspieße mit Rot-Weiß

Zutaten

6 rote Würste
1 kleines Glas Gewürzgurken
1 rote Paprika
1 große Zwiebel
1 Tube Rot-Weiß

Zubereitung

- ▷ Würste in Scheiben schneiden, ebenso die Gewürzgurken, Paprika in spießgerechte Stücke schneiden, Zwiebel in feine Ringe.
- ▷ Zutaten bunt gemischt auf Schaschlikspieße stecken und in der Pfanne braten oder auf dem Holzkohlengrill grillen.
- ▷ Mit Rot-Weiß servieren.
- ▷ Statt Rot-Weiß können Sie auch Streifen von Tomatenmark und Mayonnaise nebeneinander legen.

Wurstgulasch mit Kartoffelbrei

Zutaten

4 Portionen Kartoffelbrei (Instant-Produkt)
300 g Fleischwurst
100 g geräucherter durchwachsener Speck
1 große Zwiebel
2 Gewürzgurken
3 Esslöffel Tomatenmark

Zubereitung

▷ Kartoffelbrei zubereiten wie auf der Packung angegeben.

▷ Fleischwurst in feine Stifte schneiden, Speck und Zwiebel würfeln, Gewürzgurken in Scheiben schneiden.

▷ Speck in der Pfanne anbraten, Fleischwurst und Zwiebel hinzufügen, weiterbraten bis die Zwiebel leicht gebräunt sind, Tomatenmark darunter mischen und das Ganze mit 1 Tasse Wasser ablöschen. Nochmals aufkochen lassen.

▷ Auf dem Teller in die Portion Kartoffelbrei eine Vertiefung formen und mit der Wurstfüllung ausfüllen.

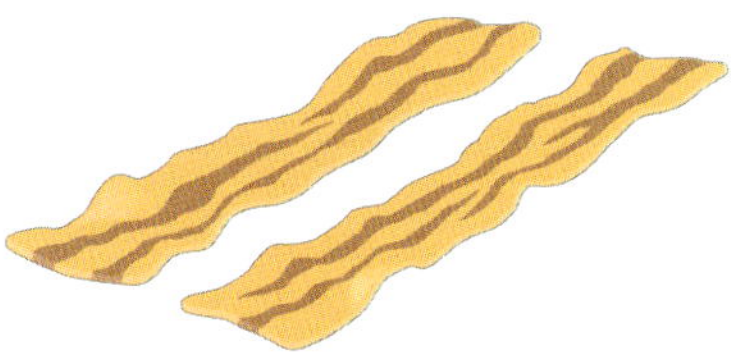

Urlaubserinnerungen an Kroatien:

Pfannengyros mit Tsatsiki

Zutaten

Zum Gyros
600 g Schweinegeschnetzeltes
Pfeffer
Salz
Paprikapulver
Öl für die Pfanne

Zum Tsatsiki
200 g Jogurt natur
4 Knoblauchzehen
100 g Salatgurke
Salz

Zubereitung

- ▷ Knoblauchzehen fein hacken, Salatgurke schälen und stifteln, beides mit dem Jogurt verrühren und mit etwas Salz abschmecken.
- ▷ Geschnetzeltes in heißem Öl knusprig braten und würzen. Zusammen mit dem Tsatsiki servieren.

☺ Dazu passt Stangenweißbrot oder Paprika-Tomaten-Reis (☞ S. 60).

Krka Wasserfälle in Kroatien (md)

Mit Feta gefüllte Mini-Bifteki

Zutaten

600 g gemischtes Hackfleisch
100 g Feta
1 Ei
½ Tasse Semmelbrösel
Salz
Pfeffer
Paprikapulver
Cayenne-Pfeffer
1 Zwiebel
1 Glas Aivar

Zubereitung

- ▷ Aus Hackfleisch, Ei, Semmelbrösel und Gewürzen einen Fleischteig kneten.
- ▷ Feta zerbröseln. Aus dem Fleischteig 8 Klöße formen. In die Mitte der Klößchen ein Loch drücken, Feta hineinlegen und den Hackkloß um den Käse wieder schließen.
- ▷ Hackklöße etwas flach drücken und auf beiden Seiten bei mittlerer Hitze jeweils 5-8 Minuten braten.
- ▷ Zwiebel würfeln. Bifteki mit gewürfelten rohen Zwiebeln und Aivar servieren.

☺ Dazu passt Paprika-Tomaten-Reis (☞ Seite 60).

Hähnchenbrust mit Pesto-Spaghetti

Zutaten

4 Hähnchenbrüste
1 Zwiebel
1 Esslöffel Mehl
Salz
Pfeffer
Curry
1 Esslöffel Hühnerbrühe (Instant)
100 g Sahne
400 g Spaghetti
1 Glas Pesto
Öl zum Anbraten
Olivenöl für die Spaghetti

Zubereitung

▷ Zwiebel würfeln und in einer großen Pfanne glasig dünsten.
▷ Hähnchenbrüste hinzugeben, von allen Seiten anbraten. Aus der Pfanne nehmen.
▷ 1 El Mehl in der Pfanne anschwitzen, mit etwas Wasser ablöschen. Die Sauce mit Salz, Pfeffer, Curry und Hühnerbrühe würzen.
▷ Hähnchenbrüste wieder zugeben und zugedeckt bei leichter Hitze schmoren.
▷ Spaghetti in reichlich Salzwasser mit etwas Olivenöl bissfest kochen.
▷ Spaghetti abgießen und Pesto daruntermischen.
▷ Sahne zur Hähnchensauce geben und mit den Pestospaghetti servieren.

Schattenmorellen (md)

Der Camping- Backofen

Als Reisecamper mit möglichst wenig Gepäck muss man normalerweise auf den Luxus eines Backofens verzichten. Vor einem Jahr lief mir nun das Modell eines Camping-Backofens über den Weg und füllte diese Lücke.

Das Prinzip ist ganz einfach. Der Backofen besteht aus drei Teilen: einem ringförmigen Untersatz, der eigentlichen aufgesetzten Backform aus Aluminium und einem Deckel. Die Form wird auf die Flamme des Benzin- oder Gaskochers gestellt. Die Hitze verteilt sich gleichmäßig im Innern und man erhält leckere Kuchen und Brote.

Bezugsquelle: Mini-Oven, Alde International, Schweden über den Camping Fachhandel

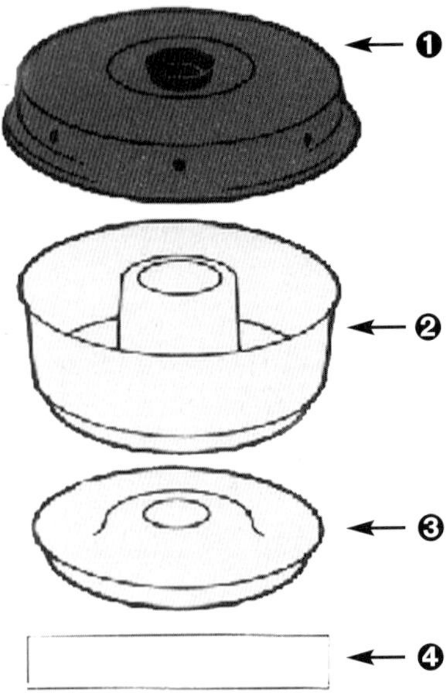

1 Deckel, 2 Form, 3 Unterteil,
4 Flamme oder Herdplatte

Die Form mit Teig oder Gericht zur Hälfte füllen.

Beim Gasherd die Flamme etwas höher als Sparflamme einstellen. Ungefähr dieselbe Backzeit wie in einem gewöhnlichen Ofen (für süße Formkuchen 30 bis 40 Minuten).

Die elektrische Platte etwa 7 Minuten auf höchster Stufe vorwärmen, dann auf Mittelhitze reduzieren. Backzeit 25 bis 50 % länger als in einem gewöhnlichen Ofen (für Formkuchen etwa 60 Minuten).

Der Mini Ofen sollte nicht im Zug platziert werden, da die Abkühlung das Backen ungünstig beeinflussen kann.

Spezialbrot im Camping-Backofen

Zutaten

400 g Dinkelmehl
3 kleine Zwiebeln
100 g geräucherter Speck
3 Esslöffel Olivenöl
1 Päckchen Trockenhefe
1 Teelöffel Salz
Butter für die Form

Brotteig, Speck und Zwiebeln

Zubereitung

- ▷ Dinkelmehl, Salz und Trockenhefe mischen und mit 2-3 Tassen Wasser einen nicht zu festen Hefeteig kneten.
- ▷ Mit dem Holzlöffel schlagen, bis er sich vom Topfboden löst.
- ▷ Teig an einem warmen Ort 30 Minuten gegen lassen.

▷ Zwiebeln und Speck klein würfeln und mit dem Olivenöl in der Pfanne anbraten bis der Speck knusprig ist und die Zwiebeln leicht gebräunt sind. Abkühlen lassen.

▷ Speck-Zwiebelmasse unter den aufgegangenen Hefeteig mischen.

▷ Backform gut ausfetten und den Teig einfüllen. Bei geschlossenem Deckel und kleiner Flamme 45 Minuten backen (Stäbchenprobe).

Speckbrot

Apfelauflauf

Zutaten

2-3 Äpfel oder eine entsprechende Menge getrockneter Apfelringe
3 Eier
1 Tasse Milch
6 Esslöffel Mehl
3 Esslöffel Zucker
Zimt
Butter zum Ausfetten.

Zubereitung

- ▷ Äpfel schälen und in dünne Schnitze schneiden, oder getrocknete Apfelringe in etwas Wasser einweichen.
- ▷ Form buttern.
- ▷ Eier mit 2 Esslöffeln Zucker mit dem Schneebesen oder einer Gabel möglichst schaumig schlagen. Mehl, Milch und Zimt vorsichtig untermischen.
- ▷ Die Hälfte des fast flüssigen Teiges in die Form füllen, die Apfelschnitze darauf verteilen, dann die andere Hälfte des Teiges darüber gießen.
- ▷ Den Auflauf bei geringer bis mittlerer Hitze 25 Minuten backen. Dann den restlichen Esslöffel Zucker darüber streuen und nochmals 10 Minuten backen.
- ▷ Warm oder lauwarm servieren.

☺ Dieser Auflauf schmeckt auch mit 1 Glas gut abgetropfter Sauerkirschen sehr lecker.

Apfel-Mandel-Rührkuchen

Zutaten

125 g Margarine
1 Tasse Zucker
3 Eier
250 g Mehl
1 Päckchen Backpulver
1 Tasse Milch
1 großer oder
2 kleine Äpfel
50 g gehobelte Mandeln

Zubereitung

- ▷ Die Margarine mit dem Zucker mit einem Schneebesen schaumig schlagen. Nach und nach die Eier hinzufügen und weiterschlagen.
- ▷ Mehl, Backpulver und Milch hinzufügen und so lange mit einem Rührlöffel rühren, bis der Teig glatt ist.
- ▷ Äpfel schälen und würfeln. Äpfel und die Hälfte der Mandelblättchen unter den Teig rühren.
- ▷ Die Form gut ausfetten und mit Semmelbrösel bestreuen. Den Teig einfüllen, glatt streichen und mit dem Rest der Mandelblättchen bestreuen.
- ▷ Den Kuchen auf kleiner Flamme 60 Minuten backen.

Backen in der Pfanne

Reichlich gedeckter Tisch

Pfannenbrot mit Zwiebeln

Zutaten

500 g Weizenvollkornmehl
3 große Zwiebeln
3 Esslöffel Olivenöl
1 Päckchen Dauerbackhefe
2 Teelöffel Salz
¼ l Wasser
Öl zum Ausbacken

Zubereitung

- ▷ Zwiebeln würfeln und in heißem Olivenöl braten bis sie leicht zu bräunen beginnen. Abkühlen lassen.
- ▷ Aus Mehl, Hefe, Salz, lauwarmem Wasser und den Zwiebeln einen lockeren Hefeteig kneten und 20 Minuten gehen lassen.
- ▷ Öl in der Pfanne leicht erhitzen, den Teig als großen Fladen hineingeben und flach drücken.
- ▷ 15 Minuten bei schwacher Hitze und geschlossenem Deckel backen Mit Hilfe des Deckels wenden und 15 Minuten weiterbacken (Stäbchenprobe).

Pizza aus der Pfanne

Zutaten

500 g Mehl
1 Päckchen Dauerbackhefe
½ Esslöffel Salz
2 Esslöffel Olivenöl
passierte Tomaten oder Tomatenmark aus der Tube
100 g gekochter Schinken (oder 100 g Salami)
1 Tasse gefüllte grüne Oliven
200 Mozzarella
Oregano
Olivenöl für die Pfanne

Zubereitung

▷ Die ersten drei Zutaten in eine Schüssel geben und mit ca. 250 ml lauwarmem Wasser mit einem Holzlöffel zu einem geschmeidigen Teig schlagen. An einem warmen und zugfreien Ort 15 Minuten gehen lassen.

▷ Schinken fein würfeln, Mozzarella würfeln, Oliven in kleine Scheiben schneiden und mit den passierten Tomaten oder dem mit Wasser verdünnten Tomatenmark mischen, mit Oregano abschmecken.

▷ Den Teig nochmals durchkneten, in 4 Portionen teilen, kleine Kugeln formen, flach drücken, die Füllung darauf geben und nach Art der Calzone zu halbkreisförmigen Fladen formen.

▷ Pfanne mit Olivenöl auspinseln, jeweils 2 der Pizzafladen in einer Pfanne langsam backen.

▷ Nach 10 Minuten wenden und nochmals 10 Minuten bei schwacher Hitze backen.

☺ Man kann die Füllung nach Belieben mit Artischocken, Pilzen, Thunfisch, Sardellen und anderen Pizza-Zutaten variieren.

Rosinenbrötchen

Zutaten

500 g Mehl
1 Päckchen Dauerbackhefe
2 Esslöffel Zucker oder Honig
1 Prise Salz
2 Esslöffel Rosinen
¼ l Milch (oder Wasser)
Öl zum Backen

Zubereitung

▷ Aus Mehl, Hefe, Salz, Zucker, Rosinen und lauwarmer Milch einen nicht zu festen Hefeteig kneten. 20 Minuten gehen lassen.

▷ Brötchen formen und dicht aneinander in die geölte Pfanne setzen. Bei schwacher Hitze und geschlossenem Deckel ca. 10 Minuten backen.

▷ Dann das ganze Brötchenrad mit Hilfe des Deckels wenden und nochmals 10 Minuten backen.

☺ Ersetzt man den Zucker durch 2 Teelöffel Salz und lässt die Rosinen weg, erhält man leckere Frühstücksbrötchen.

Schwäbische Apfelküchle

Gut zum Nachmittagskaffee!

Zutaten

4 Äpfel oder 2 Tassen getrocknete Apfelschnitze
3 Tassen Mehl
3 Eier
1-2 Tassen Milch
1 Esslöffel Zucker
1 Prise Salz
Zimt und Zucker zum Bestreuen
Öl für die Pfanne

Zubereitung

- ▷ Äpfel schälen, Kernhaus ausstechen und in runde Scheiben schneiden. Oder getrocknete Apfelschnitze ca. 30 Minuten einweichen.
- ▷ Aus Mehl, Eiern, Milch, Zucker und Salz einen Pfannkuchenteig rühren.
- ▷ Das Öl in der Pfanne erhitzen. Die Äpfel in den Teig tauchen und auf einem großen Löffel in die heiße Pfanne geben.
- ▷ Von beiden Seiten backen, bis sie leicht zu bräunen beginnen. Aus der Pfanne nehmen, mit Zimt und Zucker bestreuen und sofort servieren.

Kaiserschmarrn

Zutaten

3 Tassen Mehl

4 Eigelb

4 Eiweiß

1 Tasse Milch

1 Esslöffel Zucker

1 Prise Salz

Öl zum Ausbacken

Zucker zum Bestreuen

Zubereitung

- ▷ Mehl, Eigelb, Milch Zucker und Salz verrühren, das steifgeschlagene Eiweiß vorsichtig unterheben.
- ▷ Öl in der Pfanne erhitzen, soviel Teig hineingeben bis dieser in der Pfanne 2 cm hoch ist.
- ▷ Bei schwacher Hitze backen bis der Fladen sich wenden lässt.
- ▷ Nach dem Wenden mit der Gabel in lockere Stücke zupfen.
- ▷ Den fertigen Schmarrn mit Zucker bestreuen und sofort servieren.
- ▷ Um Eiweiß mit dem Schneebesen von Hand steif zu schlagen, braucht man etwas Übung. Wer hier Schwierigkeiten hat, kann ein sogenanntes Schneerädchen benutzen oder einen Schüttelbecher.

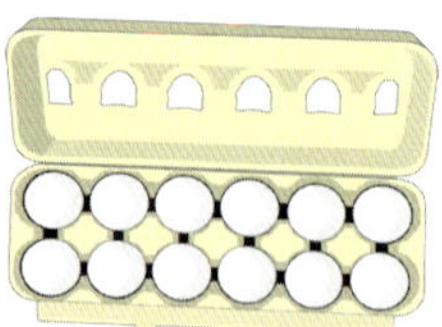

Gefüllte Pfannkuchen

Zutaten

Pfannkuchenteig:

3-4 Tassen Mehl
3 Eier
1-2 Tassen Milch
1 Prise Salz
Öl zum Ausbacken

Zubereitung

- ▷ Aus den Zutaten des Teiges einen Pfannkuchenteig rühren.
- ▷ Öl in der Pfanne erhitzen und Pfannkuchen ausbacken.
- ▷ Sofort nach dem Backen mit der Füllung belegen und aufwickeln. Heiß servieren.

Füllung 1: ½ Glas rote Marmelade

Füllung 2: ½ Glas Nuss-Nougat-Creme

Füllung 3: heiße Wiener

Füllung 4: 500 g Champignons (ersatzweise 1 Dose)
½ Becher saure Sahne
Pfeffer
Salz
evtl. 1 Spritzer Zitronensaft

- ▷ Champignons in Scheiben schneiden und in etwas Öl anbraten, bis alle Flüssigkeit verdampft ist.
- ▷ Dann mit Sahne, Pfeffer, Salz und Zitronensaft abschmecken, nicht mehr kochen.

Füllung 5: Ihrer Fantasie sind keine Grenzen gesetzt!

Salate

Zutaten für Käsesalat (☞ Seite 112)

Heringssalat

Zutaten

200 g Matjesfilet
1 Zwiebel
1 Apfel
2-3 Gewürzgurken
1 Tasse Salatmayonnaise

Zubereitung

- ▷ Champignons in Scheiben schneiden und in etwas Öl anbraten, bis alle Flüssigkeit verdampft ist.
- ▷ Dann mit Sahne, Pfeffer, Salz und Zitronensaft abschmecken, nicht mehr kochen.
- ▷ Matjesfilets unter fließendem Wasser abwaschen und in mundgerechte Stücke schneiden.
- ▷ Zwiebel in feine Ringe schneiden.
- ▷ Apfel schälen, Kernhaus entfernen und würfeln.
- ▷ Gewürzgurken in Scheiben schneiden.
- ▷ Alle Zutaten in einer Schüssel mit den Mayonnaise mischen und noch etwas ziehen lassen.
- ▷ Ersetzt man den Apfel durch eine kleine Knolle rote Beete, erhält man rosa Heringssalat. Die rote Beete wird unter fließendem Wasser geschält und geraspelt oder fein gewürfelt.

☺ Eignet sich zusammen mit Bratkartoffeln als Hauptmahlzeit.

Schwäbischer Wurstsalat

Zutaten

200 g Schinkenwurst
200 g Schwarze Wurst (Blutwurst)
1 Zwiebel
2-3 Gewürzgurken
½ Tasse Salatöl
2 Esslöffel Essig
1 Teelöffel Senf
Salz
Pfeffer
Schnittlauch
Petersilie

Zubereitung

- ▷ Wurst, Zwiebel und Gurken fein würfeln und mischen.
- ▷ Aus Salatöl, Essig, Gewürzen, Kräutern und Senf eine Salatsoße mixen.
- ▷ Soße über den Salat geben und vorsichtig aber gründlich mischen.

Dieser Wurstsalat eignet sich hervorragend für eine deftige Vesper unterwegs. Sie können ihn fertig angemacht in einem gut verschlossenen Behältnis, z.B. von Tupper mitnehmen.

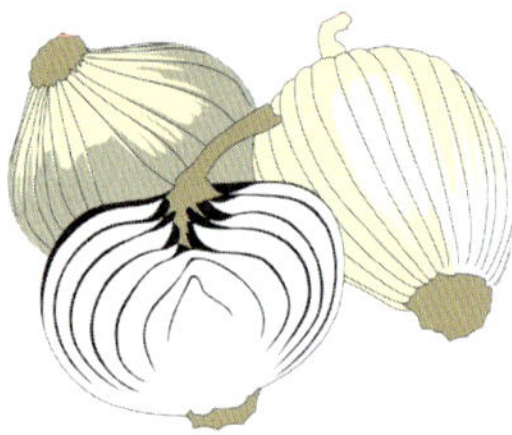

Variante 1: Grüner Wurstsalat

Zutaten

Salatgurke (md)

200 g Schinkenwurst
1 grüne Paprika
100 g Salatgurke
1 Zucchini
1 Zwiebel
½ Tasse Olivenöl
2 Esslöffel Essig
Salz
Pfeffer
Cayennepfeffer
Schnittlauch
Basilikum

Zubereitung

▷ Schinkenwurst und Salatgurke würfeln.
▷ Paprika in feine Streifen schneiden.
▷ Zwiebel in feine Ringe schneiden.
▷ Zucchini in Scheiben schneiden.
▷ Aus den übrigen Zutaten eine Salatsoße mixen.
▷ Soße über den Salat geben und gut durchmischen.

☞ Die frische Salatgurke darf erst kurz vor dem Servieren in den Salat gegeben werden, da sie sonst bitter wird und Wasser zieht. Möchten Sie den Salat längere Zeit vor dem Essen zubereiten, dann bewahren Sie die Salatgurke solange getrennt auf.

Variante 2: Schweizer Wurstsalat

Zutaten

200 g Schinkenwurst
200 g Emmentaler Käse
1 Zwiebel
1 rote Paprika oder Paprika aus dem Glas
½ Tasse Salatöl
2 Esslöffel Essig
Salz
Pfeffer
Paprikapulver
Majoran

Zubereitung

- ▷ Wurst, Käse, Zwiebel und Paprika würfeln.
- ▷ Aus Salatöl, Essig, Gewürzen und Kräutern eine Salatsoße mixen.
- ▷ Salatsoße über den Salat geben und gut durchmischen.

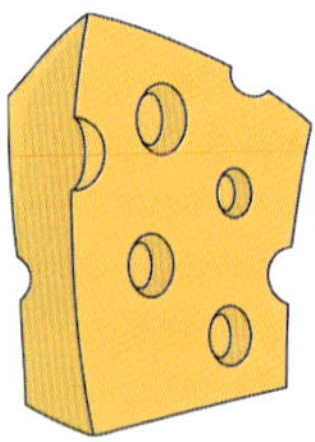

Variante 3 : Wurstsalat mit Mayonnaise

Zutaten

200 g Schinkenwurst
2 Eier
1 kleine Dose Champignons
2-3 Gewürzgurken
2-3 Esslöffel Paprikastreifen aus dem Glas
½ Tasse Salatmayonnaise
Salz
Pfeffer
Schnittlauch

Zubereitung

- ▷ Eier hart kochen, abschrecken, schälen und auskühlen lassen. Dann in Scheiben schneiden.
- ▷ Wurst würfeln.
- ▷ Champignons und Gurken in Scheiben schneiden.
- ▷ Mayonnaise mit etwas Flüssigkeit aus dem Gurkenglas glatt rühren, mit Salz, Pfeffer und Schnittlauch würzen.
- ▷ Eier, Wurst, Champignons, Gurken und Paprikastreifen in einer Salatschüssel leicht mischen. Mayonnaise über den Salat geben und gut durchmischen.
- ▷ Dieser Salat muss gekühlt werden, eignet sich also weniger für eine Wanderung.

☺ Jeder dieser Wurstsalate ergibt kombiniert mit Bratkartoffeln auch eine leckere Hauptmahlzeit.

Käsesalat "Mr. Spock"

Zutaten

100 g Emmentaler
100 g Cheddar
100 g griechischer Schafskäse
1 grüne Paprika
1 rote Paprika
1 große Zwiebel
2-3 Gewürzgurken
½ Tasse Olivenöl
2-3 Esslöffel Essig
1 Esslöffel getrocknete Kräuter der Provence
1 Teelöffel Senf
Salz
Pfeffer
Paprikapulver

Zubereitung

▷ Aus Olivenöl, Essig, Kräutern, Senf und Gewürzen eine Salatsoße mixen und mit etwas Gurkenwasser verdünnen.

▷ Zwiebel in feine Ringe schneiden, in die Salatsoße einlegen und etwas ziehen lassen.

▷ Käse und Paprika würfeln, Gewürzgurken in Scheiben schneiden.

▷ Die Zutaten vorsichtig mit der Salatsoße mischen.

☺ Wenn man die Zwiebeln etwas länger in der Salatsoße liegen lässt, werden sie milder.

Käsesalat

Nudelsalat

Zutaten

250 g kleine Hörnchen-Nudeln
1 kleines Glas Gewürzgurken
200 g Fleischwurst
100 g Emmentaler Käse
½ Tasse Mayonnaise
1 EL Öl, ½ EL Essig
Salz, Pfeffer
Salatkräuter

Zubereitung

- ▷ Nudeln bissfest kochen und mit kaltem Wasser abschrecken und abkühlen.
- ▷ Fleischwurst und Käse würfeln, Gurken in Scheiben schneiden.
- ▷ Aus Mayonnaise, Öl, Essig und Gewürzen eine Salatsoße mixen.
- ▷ Die Zutaten mischen, Salatsoße darüber geben, nochmals gut durchmischen und vor dem Servieren noch etwas ziehen lassen.

Tomaten-Mozzarella-Salat

Zutaten

500 g Tomaten
250 g Mozzarella
½ Tasse Olivenöl
2 Esslöffel Essig
Pfeffer
Salz
Basilikum
Oregano

Zubereitung

- ▷ Tomaten waschen und in Scheiben schneiden.
- ▷ Mozzarella ebenfalls in Scheiben schneiden und im Wechsel mit den Tomaten in einer flachen Schüssel kreisförmig anordnen.
- ▷ Aus Öl, Essig, Pfeffer, Salz und Kräutern eine Salatsoße mixen und über den Salat träufeln.
- ▷ Mit Basilikumblättern garnieren und servieren.

Wenn Sie keine flache Salatschüssel zur Verfügung haben, nehmen Sie einen oder mehrere Suppenteller.

Spargel-Ananas-Salat

Zutaten

1 große Dose Spargel
1 Dose Ananas
100 g gekochter Schinken
2 Eier
1 Tasse Salatmayonnaise
Salz
Pfeffer
Muskat

Zubereitung

▷ Eier hart kochen, abkühlen lassen, schälen und würfeln.
▷ Spargel und Ananas in Stücke schneiden.
▷ Schinken in feine Streifen schneiden.
▷ Mayonnaise mit ½ Tasse Ananassaft glatt rühren, mit einer Prise Salz, Pfeffer und Muskat würzen.
▷ Spargel, Schinken, Eier und Ananas mit der Mayonnaise-Soße vorsichtig mischen und sofort servieren.
▷ Soll der Salat längere Zeit vorher vorbereitet werden, bewahren Sie die Soße getrennt auf, da der fertige Salat sehr leicht Wasser zieht.

Meine Söhne sind wahrlich keine Salat-Fans und drücken sich normalerweise um alles was gesund aussieht. Griechischen Salat haben sie in der Hitze des letzten Sommers trotzdem schätzen gelernt, auch wenn sie mehr nach den Käsestückchen und Oliven fischten als nach den grünen Salatblättern.

Griechischer Bauernsalat

Zutaten

Für den Salat

Je 1 rote, gelbe, grüne Paprika
2 Tomaten
1 Zwiebel
1 kleine Salatgurke
½ Kopf Blattsalat
schwarze Oliven
100 g Feta

Für die Salatsauce

Olivenöl
Aceto Balsamico
Salz
Pfeffer
Oregano
Basilikum

Zubereitung

- ▷ Paprika, Tomaten und Salatblätter waschen; Gurke schälen.
- ▷ Paprika und Zwiebel in Ringe schneiden; Gurke in nicht zu dünne Scheiben schneiden.
- ▷ Tomaten und Feta würfeln.
- ▷ Eine Schale oder weite Schüssel mit den grob zerzupften Salatblättern auslegen und die übrigen Zutaten bunt gemischt darauf verteilen.
- ▷ Aus den Zutaten eine Salatsauce mixen und kurz vor dem Anrichten über den Salat träufeln.

Schichtsalat

Diesen Salat sollten Sie am Tag vorher zubereiten, allerdings brauchen Sie dann eine Möglichkeit, ihn kühl zu stellen.

Zutaten

200 g gekochter Schinken
4 hart gekochte Eier
1 kleines Glas Selleriesalat
1 kleine Dose Mais
2 Stangen Lauch
2 knackige Äpfel
200 g Salatcreme
Salz, Pfeffer
Muskat.

Zubereitung

▷ Lauch putzen, waschen und in Scheiben schneiden. Äpfel schälen und in feine Schnitze schneiden. Eier schälen und in Scheiben schneiden. Schinken in Streifen schneiden. Selleriesalat und Mais abgießen.

▷ Für die Salatsauce die Salatcreme mit etwas Mineralwasser, Salz, Pfeffer und Muskat glatt rühren.

▷ Jetzt in eine große Schüssel den Salat schichten und zwischen jede Schicht etwas Salatcreme geben. Oberste Schicht ist der Selleriesalat und eine letzte Schicht Salatcreme.

▷ Den Salat einige Stunden kühl stellen.

▷ Kurz vor dem Anrichten durchmischen.

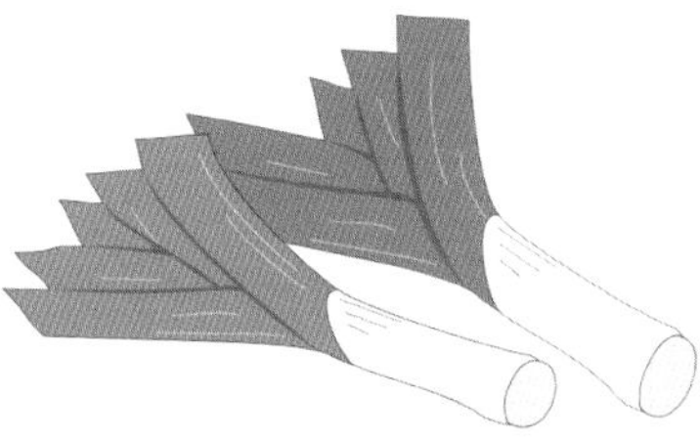

Dessert

Süßes in Venedig

Im Urlaub besteht bei uns das Dessert aus Zeitgründen meist aus ein paar Keksen oder einem Stück Schokolade zu einer Tasse Kaffee, manchmal auch aus einem Eis in der nächsten Eisdiele. Folgender Nachtisch kann jedoch mit einfachen Mitteln im Voraus hergestellt werden, vorausgesetzt man hat die Möglichkeit ihn kühl zu stellen.

Süße Schichten

Zutaten

1 Dose Sprühsahne

1 Handvoll mürbe Kekse am besten Löffelbiskuits oder die italienischen Amarettini

1 Becher rote oder grüne Grütze oder selbst gesammelte Beeren

1-2 Becher Vanillepudding

1 Schnapsglas Obstschnaps (z.B. Grappa)

1 Esslöffel Schokostreusel

Zubereitung

- ▷ Sie brauchen für den Nachtisch eine große Schüssel. Auf dem Boden der Schüssel werden die Kekse grob zerkrümelt und mit dem Schnaps beträufelt.
- ▷ Darauf schichten Sie die Grütze oder die frischen Beeren.
- ▷ Auf die Grütze kommt eine Schicht Vanillepudding.
- ▷ Auf den Vanillepudding kommt die Sprühsahne und zum Schluss wird das Ganze mit Schokostreuseln verziert.
- ▷ Die Schichtspeise einige Stunden kühl stellen.

Sahnebaiser mit Beeren

Dieser Nachtisch ist mit selbst gesammelten Beeren natürlich besonders lecker und lässt sich auch dann noch herstellen, wenn Sie auf dem Heimweg schon den größeren Teil der Beeren aufgegessen haben (soll ja vorkommen).

Zutaten

1 Dose Sprühsahne

1 Beutel Mini-Baisers oder 2-3 große Baisers

Beeren

Zubereitung

- ▷ Die Beeren auslesen und wenn nötig waschen.
- ▷ Die großen Baisers etwas zerkleinern.
- ▷ Die Beeren, die Baisers und die Sprühsahne vorsichtig in einer Schüssel mischen.
- ▷ Kühl stellen (dann werden die Baisers etwas weicher) oder sofort verzehren.

Rote Johannisbeeren (md)

Wir konnten es selbst kaum glauben ...

... aber der Conrad Stein Verlag war der erste Buchverlag in Deutschland, der konsequent klimaneutral produzieren und transportieren ließ.

Was bedeutet klimaneutral gedruckt?

Wir haben unsere Druckerei mit der klimafreundlichen Produktion beauftragt. Dabei wird nicht nur klimaneutral, sondern auch nachhaltig, d.h. so umweltschonend wie möglich produziert. Dafür sorgen die Druckerei mit eigenen Klimaschutzbestrebungen und wir durch die Auswahl von umweltfreundlichen Materialien.

Die von uns beauftragte Druckerei berechnet mit einem auf den Druckereibetrieb angepassten CO_2-Rechner die Emissionen, die durch die Fertigung des Druckauftrags entstehen. Papier, Farben, Lacke, Klebstoffe und der Betrieb von Maschinen verursachen beispielsweise das klimaschädliche Treibhausgas Kohlendioxid. Im Anschluss an die Berechnung werden Emissionsminderungszertifkate aus anerkannten Klimaschutzprojekten in Höhe des berechneten Emissionsausstoßes gekauft und nach den Kriterien des Kyoto-Protokolls stillgelegt bzw. gelöscht. Ist dieser Prozess abgeschlossen, wird die Drucksache mit dem Logo "klimaneutral" versehen. Wir bekommen eine Climate-Partner-Zertifikatsnummer mithilfe derer Sie unter www.climatepartner.com das Projekt finden, das mit der Abgabe gefördert wurde.

Nachhaltigkeit und angewandter Klimaschutz spielen für den Verbraucher eine große Rolle und werden verstärkt nachgefragt. Das Zeichen "klimaneutral" zeichnet ein Qualitätsprodukt aus, das mit einem hohen Grad an Verantwortungs- und Umweltbewusstsein hergestellt wurde. Wir vermitteln interessierten Verlagen gern Kontakt zu den verantwortlichen Stellen.

Vollgas - Treibhauseffekt - Klimachaos

Infos von
Greenpeace, 22745 Hamburg
www.greenpeace.de

GREENPEACE

Buchtipps

Nicola Boll
Kochen 1 -
aus Rucksack und Packtasche
OutdoorHandbuch Band 8
Basiswissen für draußen
Conrad Stein Verlag
123 Seiten
37 farbige Abbildungen
18 farbige Kartenskizzen
ISBN 978-3-86686-008-7

Wolfgang Ries
Kochen 3 -
für Gruppen und Zeltlager
OutdoorHandbuch Band 129
Basiswissen für draußen
Conrad Stein Verlag
125 Seiten
99 farbige Abbildungen
14 farbige Illustrationen
ISBN 978-3-86686-129-9

Joey Menzel
Kochen 4
Kulinarisches aus der Kochkiste
OutdoorHandbuch Band 214
Basiswissen für draußen
Conrad Stein Verlag
156 Seiten
95 farbige Abbildungen
ISBN 978-3-86686-214-2

Buchtipps

Ulrike Katrin Peters & Karsten-Thilo Raab
<u>Mit Pinsel und Palette auf Reisen</u>
OutdoorHandbuch
Band 207
Basiswissen für draußen
Conrad Stein Verlag
91 Seiten
39 farbige Abbildungen
ISBN 978-3-86686-207-4

Hartmut Engel & Iris Kürschner
<u>Essbare Wildpflanzen</u>
OutdoorHandbuch Band 5
Basiswissen für draußen
Conrad Stein Verlag
134 Seiten
84 farbige Abbildungen
78 farbige Illustrationen
ISBN 978-3-86686 129 9

Markus Gründel
<u>Geocaching</u>
OutdoorHandbuch Band 203
Basiswissen für draußen
Conrad Stein Verlag
170 Seiten
97 farbige Abbildungen
9 Illustrationen
ISBN 978-3-86686-272-2

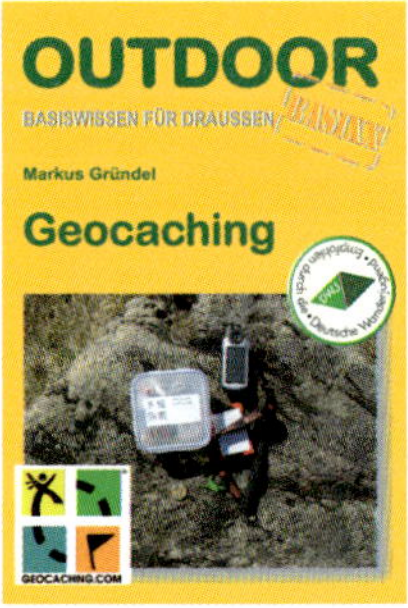

Buchtipps

Conrad Stein & Holger Weber

Ratgeber rund ums Wohnmobil

OutdoorHandbuch

Band 24

Basiswissen für draußen

Conrad Stein Verlag

124 Seiten

37 schwarzweiße Abbildungen

ISBN 978-3-86686-024-7

Ingrid & Wolfgang Sauer, Frank Noack

Wohnmobil in USA und Kanada

OutdoorHandbuch

Band 77

Basiswissen für draußen

Conrad Stein Verlag

170 Seiten

48 farbige Abbildungen

11 farbige Illustrationen

ISBN 978-3-86686-077-3

Ronald Metzger

Camping nicht nur für Anfänger

OutdoorHandbuch

Band 237

Basiswissen für draußen

Conrad Stein Verlag

158 Seiten

92 farbige Abbildungen

ISBN 978-3-86686-237-1

Lektüre für die Reise

Norbert Bobrich

Womo-Sapiens

Geschichten rund ums Wohnmobil

OutdoorHandbuch Band 272
FernwehSchmöker
Conrad Stein Verlag
ca. 128 Seiten
ca. 15 farbige Abbildungen
ISBN 978-3-86686-291-3

< Dieses Buch ist für alle bestimmt, die Spaß am Reisen im Allgemeinen und mit einem Wohnmobil im Besonderen haben. Es ist weder ein Reiseführer, noch ein Handbuch für das Leben im Wohnmobil, obwohl es einige Tipps enhält. Vielmehr soll es auf unterhaltsame Weise Einblicke hinter die Kulisse des Wohnmobil-Alltags geben. >

Hildegard Grünthaler

Tausend Tage Wohnmobil

In drei Jahren durch Amerika, Australien und Neuseeland

OutdoorHandbuch Band 130
FernwehSchmöker
Conrad Stein Verlag
345 Seiten
27 farbige Abbildungen
ISBN 978-3-86686-130-5

< Hildegard Grünthaler glaubte lange Zeit gegen Fernweh immun zu sein. Ihr Ehemann Peter, seit frühester Jugend daran leidend, hat sie irgendwann damit angesteckt. Nach einigen zu kurzen Urlaubsfernreisen war der Lebenstraum von Peter auch ihr eigener: Reisen mit viel Zeit und eigenen Wohnmobil. Nach einigen Jahren der Vorbereitung starten sie zur Reise um die Welt. >

Traverse
Fluorcarbon-freie Wildmarks-Hose aus Lundhags' einzigartigem 65/35 ECO.

Testsieger!

Lundhags bietet eine breite Palette an Hosen: für all jene, die wissen, was man draußen in der Natur braucht, und höchste Ansprüche an Passform, Bewegungsfreiheit, Strapazierfähigkeit, Details und Umweltverträglichkeit stellen.

Rüste dich aus mit einer Traverse, unserem Bestseller, der unter anderem mit dem Editor's Choice des Outdoor Magazines ausgezeichnet wurde, oder mit Traverse Pro und Swiss, zwei weiteren anspruchsvollen Hosen für den Ganzjahreseinsatz. Für welches Modell Du Dich auch entscheidest: Es ist die richtige Wahl für alle Aktivitäten.

Bestelle unseren Katalog auf www.lundhags.se

Lundhags®

Freizeit Aktiv Erleben

Flexibel reisen - ruhig schlafen

Kompakte Reisemobile mit hohem Schlafkomfort sind unsere Stärke.

T.E.C. Caravan GmbH & Co.KG
Rudolf-Diesel-Str. 4 · D-48336 Sassenberg
Tel. 0 25 83 93 06-100
Fax 0 25 83 93 06-299
www.tec-caravan.de
E-Mail: contact@tec-caravan.de

T.E.C.-MADE IN GERMANY

T.E.C.

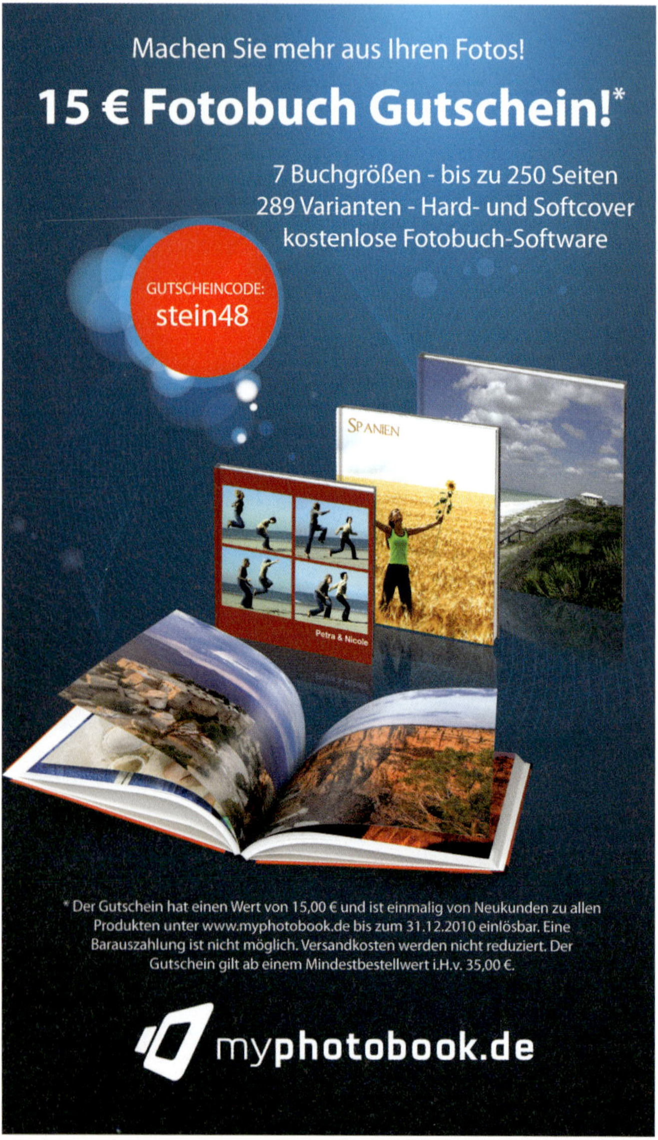
Machen Sie mehr aus Ihren Fotos!
15 € Fotobuch Gutschein!*
7 Buchgrößen - bis zu 250 Seiten
289 Varianten - Hard- und Softcover
kostenlose Fotobuch-Software
GUTSCHEINCODE:
stein48
SPANIEN
Petra & Nicole
* Der Gutschein hat einen Wert von 15,00 € und ist einmalig von Neukunden zu allen Produkten unter www.myphotobook.de bis zum 31.12.2010 einlösbar. Eine Barauszahlung ist nicht möglich. Versandkosten werden nicht reduziert. Der Gutschein gilt ab einem Mindestbestellwert i.H.v. 35,00 €.
myphotobook.de